程孝良 编

新时代行业特色高校高质量发展

HIGH QUALITY DEVELOPMENT OF UNIVERSITIES WITH
INDUSTRY CHARACTERISTICS IN THE NEW ERA

模式与路径
MODE AND PATH

社会科学文献出版社
SOCIAL SCIENCES ACADEMIC PRESS (CHINA)

中国高等教育学会"2023 年度高等教育科学研究规划课题"

"新时代行业特色高校创新人才培养的模式与路径研究"（23GR0205）

中国教育发展战略学会教育评价专业委员会"十四五"课题 2023 年度课题

"行业特色高校'双一流'建设成效评价体系：理论建构与实证研究"（CEE202301)

行业特色高校如何实现高质量发展
（代序）

行业特色高校是中国特色高等教育体系的有机组成部分，也是推动经济社会发展的重要力量。2017 年，成都理工大学进入世界一流学科建设高校行列，地质学入选"双一流"建设学科名单。新的历史时期，学校瞄准"高质量"发展目标，健全学科生态体系，优化人才培养模式，深化校地政企合作，不断推动学校成为服务国家经济社会发展的坚实力量。

一　健全学科生态体系，筑牢专业基础

学科建设对于大学的重要性不言而喻，有学者甚至直言，"办大学就是办学科"。经过多年积淀，行业特色高校普遍形成了学科特色显著的办学优势，但也存在学科"一枝独秀"的发展倾向，不利于实现以优势学科带动学校整体发展的"双一流"建设初衷。解决这一问题，需要学校树立学科生态理念，既要打造学科高峰，也要围绕"双一流"建设学科布局和发展新兴、交叉学科，辐射和带动关联学科，调整和提升弱势学科，形成优势突出、学科协同的发展态势，以卓越

学术力引领高校竞争力。

近年来，成都理工大学在集聚特色学科优势、推动学科集群发展上取得了较好成效。一是继续做强地质学。形成沉积地质、构造地质、矿产地质、油气地质、工程与灾害地质、生态环境地质、数字地质7个优势特色方向。二是优化学科布局。按学科将分布于不同院系的重复、相似专业进行合并、调减，并鼓励具有一定发展潜力、条件成熟的学科独立建院。三是通过多学科交叉渗透，破除学科壁垒，催生新的学科增长点。打造高水平科技创新团队，聚焦科技前沿，探索自动化、人工智能、大数据等技术手段在地学、环境、能源等传统优势学科中的融合应用，探索人文社会科学与传统优势学科可能的结合点，不断挖掘学科纵深发展之路。

二　优化人才培养模式，提升育人口碑

人才培养是高校的根本任务。新的历史时期，行业特色高校高质量发展要进一步深化人才培养体制机制改革，切实提高人才培养质量。一方面，高度重视人才培养工作，以系统观念统揽改革全局，保持与时俱进，加强统筹谋划，敢于破旧立新，确保人才培养各项举措主线明确；另一方面，瞄准核心任务和薄弱环节狠抓落实，精准施策，做实落细改革具体举措。

近年来，成都理工大学多次召开全校教育大会，总结经验，查找问题，明确人才培养改革思路，为推动人才培养供给侧结构性改革提供了思想保障，同时扎实推进人才培养改革措施。一是全面进行课程体系改革。重新修订人才培养方案，设置大类培养、专业培养、技能培养三大阶段，构建通识通修课程、专业课程、技能课程三大模块，扩大实践教学比重，强化通识基础，促进学生知识体系的自主建构，增强其学习自主性。同时，进一步完善"学科—专业—课程"一体化

建设，鼓励成果进教材、科研进课堂，优化课程资源，强化课程质量。二是实施拔尖人才培养工程。在全校范围内设立工学创新班、理学创新班，在优势专业开设行星科学创新班、地质工程创新班等，实现本硕博融通、优生优培。三是构建创新创业教育体系。实施"五个三"工程（三类师资队伍、三大课程群、三级实践平台、三元评价体系、三支管理队伍），打造创新创业赛训一体化培养模式，让创新创业教育贯穿人才培养全过程。四是完善教育教学评价机制。成立教育评估与督导处，全面负责人才培养质量监控。完成专业、课程、学业、教学、管理等的标准化建设，形成三阶段常规检查、专项抽查、教学督导检查、学生信息收集、领导干部听课等全过程监控体系，完善评学和评教相结合的双向评价机制，推进专业自评、专业认证、外部专业评价、学习达成度评价、课程评价等多元评价形式。

三　深化校地政企合作，优化服务效能

行业特色高校要稳扎行业土壤，充分发挥高校服务地方经济社会发展的功能，与国家战略和区域经济社会发展同向同行。要挖掘学科优势，主动对接国家重大号召和战略需求，深度融入地方经济社会发展，探索扩大合作领域、丰富合作项目、深化合作内涵，与地方、政府、企业建立优质资源互利共享的合作机制和交流平台，在合作办学、生产研发、技术攻坚、资源共享等方面深度融合，实现人才、资本、信息、技术的衔接互补，形成互通有无、合作共赢的发展格局，进一步增强服务国家经济社会发展的能力。

成都理工大学立足行业需求，大力实施"服务荣校"行动计划。充分发挥地学、环境、能源等学科群的辐射示范作用，强化与地方、政府、行业企业的战略合作。近年来，学校获教育部产学合作协同育人项目立项逾50项，建成"自然灾害防治与地质环境保护研究智库"

"四川矿产资源研究智库"两个省级新型特色智库，先后提交咨询报告 100 余份，其中 3 份获党和国家领导人肯定性批示，20 余份获省部级领导人肯定性批示。积极投身铁路、公路、机场、水坝等大型基础设施建设，积极承担矿产资源评价开发、能源勘探与开发、震后重建、地灾防治、生态修复、区域及城市环境改造等重大任务，全面参与汶川特大地震、芦山地震、九寨沟地震、茂县特大山体滑坡等地质灾害抢险、防治及灾后重建工作；深度参与若尔盖草原沙化防治、青海木里矿区生态修复等国家重大生态修复工程，贡献了九寨沟火花海生态保育的"中国方案"，获联合国世界遗产委员会高度认可。

2020 年 9 月，成都理工大学宜宾校区正式招生，这是学校服务国家战略需求和区域经济社会发展的又一重要体现。宜宾地处成渝地区双城经济圈建设的核心地带，是西南地区唯一的国家产教融合型试点城市。学校根据宜宾及周边区域的产业需求，统筹社会需求契合度较高、优势特色突出的计算机、工商管理、电子信息工程、新能源科学与工程等 14 个专业，打造产业技术学院，通过积极参与成渝地区双城经济圈高校联盟建设、调整和完善人才培养方案、建立校企协同育人常态化模式、制定产教融合教改项目方案与实习实训基地建设任务清单等多种措施，满足人力资本供给、科技创新攻关、政务决策咨询等行业区域需求，充分发挥行业特色高校在区域经济社会发展中的人才储备、技术孵化和智慧引领作用。

前　言

　　高校分类是"高等教育发展多样化趋势的必然要求"，但高校是复杂的社会组织，划分高校类型是世界性的难题。行业特色高校因民族自立而生，因社会主义工业化需求而强，为国家经济社会发展和产业转型升级做出了突出贡献，成为我国"双一流"建设和高等教育强国战略的重要组成部分。尽管对于行业特色高校的认识还不完全统一，但行业特色高校作为我国高校的一种类型是现实存在的。因此，有必要专门进行研究。

　　面对新形势新要求，一批行业特色高校抢抓"双一流"建设机遇，不断革新办学观念，增强办学实力，提高办学水平，推进高质量内涵式发展，实现从做大到做强的转变。但由于其自身的特殊性，行业特色高校在发展中仍面临着诸多挑战和困难。主要表现如下：一是理论研究滞后，造成高质量发展理论支撑的瓶颈。理论支撑瓶颈易造成行业特色高校定位不够清晰准确，对高质量发展的理解成为痛点。何为行业特色高校高质量发展的内涵，高质量发展的机制和路径如何，亟待探索和发掘。二是改革动力不足，形成人才培养模式创新的瓶颈。人才培养模式创新瓶颈易造成人才培养模式同质化，致使行业特色高校高质量发展停滞不前。何为行业所需创新人才，培养机制和路径如何完善，亟待路标指引。三是师资供求失衡，形成核心竞争力提升的瓶颈。受招生规模扩大、师资队伍建设滞后的影响，出现师资数量不足、结构不优的现象。行业特色高校师资队伍的基本素质要求如何界定，高水平师资队伍如何建设，仍需不断探索。四是供给产能过剩，形成专业特色逐步弱化的困境。人才供给为适应大众化需求，考虑政府和社会职能偏多，人才培养模式受限于普适性，缺乏针对性。如何从供给端破解行业特色高校创新型人才培养困局，成为系统性难题。五是需求响应不足，造成人才资源错位匹配的困境。行业特色高校所对应的人才市场具有动态特征，对需求的动态分析不够充分，人才培养方案与行业市场需求不完全协调、区域服务功能定位相对缺失与模糊。如何从需求端破解行业特色高校创新人才培养困局，成为另一系统性难题。六是评价体系单一，形成行业特色学科发展的瓶颈。评价体系局限于综合性和普适性评价，对人才培养中的行业特色评价不足，难以促进行业特色人才培养模式的创新和发展。如何选择行业特色评价的因子，构建具有特色的评价体系，亟待深入研究。

党的二十大报告深刻指出，必须坚持科技是第一生产力、人才是第一资源、创新是第一动力。进入新时代，全球新一轮科技革命和产业变革与我国经济结构转型、发展方式转变、发展重心转移、发展动能转换形成历史性交汇，必将引发世界政治经济格局的深度调整，颠覆传统产业的形态、分工和组织方式。为此，行业特色高校必须"准确识变、科学应变、主动求变"，回应并引领新一轮科技革命与产业变革。

成都理工大学是国家第一轮"双一流"建设高校。其前身是创办于1956年的成都地质勘探学院，是新中国成立初期的三所地质院校之一。学校1958年更名为成都地质学院，1993年更名为成都理工学院，2001年更名为成都理工大学。学校先后由地质部、地质矿产部、国土资源部直属，至2000年划转四川省管理。学校2010年成为国土资源部与四川省人民政府共建高校，2017年成为国家第一轮"双一流"建设高校，2019 年成为教育部与四川省共建的"双一流"建设高校，2022 年成为国家第二轮"双一流"建设高校。在半个多世纪的办学历程中，成都理工大学矢志报国、上下求索，风雨兼程、耕耘不辍，为社会培养了近 30 万名优秀人才，为我国经济建设和社会发展做出了重要贡献。他们当中涌现出一批知名学者、专家和管理人才，其中有两院院士 7 人。学校在长期的办学实践中形成了"穷究于理、成就于工"的校训、"艰苦奋斗、奋发图强"的优良传统、"不甘人后、敢为人先"的进取精神。成都理工大学学科优势特色鲜明，以理工为主，地质、石油、资源、核技术、环境等学科为优势，土木、化工、材料、电子、机械、信息、管理等学科为特色，经管、文法、外语、艺术、体育等学科协调发展。成都理工大学行业历史悠久、行业背景深厚、行业特色鲜明，是典型的行业特色高校。在 60多年办学历程中，学校经历了"行业化—去行业化—再行业化"的过程，始终保持与行业主管部门、行业企业的密切联系，其发展历程是我国行业特色高校的缩影。

本书在厘清行业特色高校的概念内涵、发展与转型历程的基础上，从学科专业建设、人才培养、科学研究、教育评价改革、质量保障体系建设等五个方面，汇集了成都理工大学龚灏、刘清友、刘树根、曾英、曹俊兴、程孝良、周菲、王众等领导和学者关于行业特色高校高质量发展的研究及实践成果，为国家高等教育改革和行业特色高校同行提供有益的参考和借鉴。

目　录

三　科学研究篇

四　教育评价篇

五　质量保障篇

绪　论

程孝良

一　研究背景

高等教育是培养人才、科学研究、服务社会的重要基地，是人才第一资源和科技第一生产力的结合点。随着我国经济社会的发展、经济体制的转型和科学技术的进步，高校在经济社会发展中的地位和作用日渐重要。行业特色高校作为我国高等教育体系的重要组成部分，在长期的办学历程中形成了与行业密切相关的学科优势和办学特色，取得了大量原创性科研成果①，培养了一大批优秀创新人才和行业技术骨干，逐渐成为我国高等教育体系中不可或缺的重要组成部分和行业重要的科研、人才培养基地。

20 世纪 90 年代高等教育管理体制变革之后，行业特色高校与原行业主管部门的行政关系不再，人才对接、资金支持、技术服务等各项联系逐渐式微，在行业特色高校转型发展过程中，"与行业部门关系疏离、学科拓展中存在特色淡化倾向、区域服务功能定位模糊，以

---

① 李枫，赵海伟.高水平行业特色高校发展的探索［J］.江苏高教，2012（1）：66-67.

及缺乏针对性的评价体系"① 等问题逐渐凸显。

进入中国特色社会主义新时代，我国经济由高速增长阶段转向高质量发展阶段，经济发展方式、经济结构和经济增长动力正在经历前所未有的变革。通过创新驱动产业结构的优化升级，是当前引领经济转型的重大战略。对行业特色高校而言，新经济新业态的发展、产业结构的优化调整和转型升级，既是新一轮发展机遇，也是更大的挑战，要求其必须转变传统的发展观念和发展模式，更加主动服务国家和区域经济社会发展重大战略，满足行业特色高校自身"强、特、优"的发展需求，也就是必须走高质量内涵式发展之路②。行业特色高校如何选择与社会主义市场经济体制相适应的发展战略，如何围绕国家战略更好地适应行业转型升级和区域经济社会发展的要求，实现自身更好更快的发展，已经成为我国行业特色高校迫切需要研究的问题。

那么，新时代背景下，什么是高质量发展？行业特色高校高质量发展的内涵是什么？推进行业特色高校高质量发展的有效机制是什么？有哪些实现路径？这些问题亟须深入研究。

二　研究意义

我国行业特色高校是因特殊的管理体制而产生的一种具有特色的大学组织。在经济体制改革、行业转型升级、高等教育管理体制改革和日趋激烈的高等教育竞争形势下，行业特色高校面临诸多现实问题和困境，如办学定位不明、自身优势与特色弱化、与行业关系疏远、

---

① 张文晋，张彦通. 当前行业特色型大学发展面临的问题及对策 [J]. 北京航空航天大学学报（社会科学版），2011，24（1）：103-106+120.
② 陈杰，刘含萌，徐吉洪. 新时代我国大学高质量内涵式发展的若干思考 [J]. 浙江工业大学学报（社会科学版），2018，17（4）：372-378.

受政策环境制约等①，这些都使行业特色高校处于发展路径选择的十字路口。行业的发展必然由低级的自然资源掠夺性开采利用逐步转向规模经济和科技密集型、金融密集型、人才密集型、知识密集型经济，从输出基本的自然资源矿产和人工劳务逐步转向输出工业产品、知识产权、高科技人才等。在经济社会和行业转型发展过程中，如何主动适应并引领行业发展，成为行业的开拓者和主力军，是摆在行业特色高校面前的共同命题，因此制定和选择合适的发展战略和路径成为这类高校高质量发展的重中之重。

（一）为行业特色高校转型发展提供理论指导

行业特色大学仍然是中国高等教育体系的中坚力量。在 140 所进入"双一流"建设行列的高校中，有 90 余所为行业特色大学②。在行业企业加快以科技创新引领产业转型升级的背景下，传统行业特色高校面临着如何与新型高新产业有效对接，培养创新型高素质人才，提供高水平科技支撑，有力服务地方经济社会高质量发展的问题③。厘清行业特色高校高质量发展的内涵，研究行业、政府、高校协同推进高质量发展的体制机制，进而探讨行业特色高校实现高质量内涵式发展的有效路径，可以为行业特色高校对接国家发展战略和地方经济产业发展需求，准确把握办学定位，充分发挥自身优势，努力凸显行业特色，抢抓机遇实现转型升级和高质量发展提供理论指导和参考。

（二）有力推进我国高等教育分类发展

随着我国高等教育进入内涵式发展新阶段，"提质增效、办出特

① 陈鸿海，王章豹. 我国行业特色型大学发展面临的困境及对策 [J]. 国家教育行政学院学报，2013（6）：31-36.
② 黄娅，孙盼科，金衍，等. 高水平行业特色型大学"双一流"科技创新特色发展路径探索——以中国石油大学（北京）为例 [J]. 科教文汇（下旬刊），2019（12）：4-7.
③ 彭青. 高等教育高质量发展的本质含义与实现机制 [J]. 南通大学学报（社会科学版），2019，35（4）：133-140.

色、争创一流"将成为高校的发展方向和发展主流①。行业特色高校如何适应社会主义市场经济体制，围绕国家战略选择合适的发展战略，以更好地适应行业转型升级和区域经济社会发展的要求，已经成为国家、高等教育和高校迫切需要研究并解决的问题。行业特色高校的显著特征就是学科设置的"行业性"，往往专注于某一个大学科领域，凭借其独有的学科优势，在院校竞争中获得一席之地，但是行业的局限性让其不能和综合性大学一样具有厚积薄发、多学科协同的竞争力。研究什么是行业特色高校高质量发展及如何实现高质量发展，可推动行业特色高校找准发展方向，突破传统优势学科发展局限，有效融合新兴学科和交叉学科，专注于以一个龙头学科带动一个学科集群的发展，以学科集群的发展促进高校的发展，从而在服务国家战略中实现可持续性发展②。这样，行业特色高校与综合性大学在"双一流"建设背景下，各定其位、各取所向、各行其道，但都以取得一流建设成效为目标，有力推进我国高等教育分类发展。

（三） 助推国家战略发展和产业转型升级

行业特色高校根源于行业，人才培养、科技创新和社会服务面向均源自行业。因此，行业特色高校的发展必须与国家重大战略和需求同呼吸共命运，始终站在行业领域科技创新和人才培养的前沿。反过来，行业特色高校的发展也反哺行业，为行业产业发展培养创新型高素质人才，提供高水平科技支撑和服务支持。行业特色大学的服务面向往往是能源、交通、通信、电力、矿业、机械等国民经济命脉行

---

① 潘懋元，贺祖斌．关于地方高校内涵式发展的对话［J］．高等教育研究，2019，40（2）：34-38.

② 孙长智，阮蓁蓁．荷兰世界一流大学学科发展布局与特征研究——基于 13 所荷兰高校的案例研究［J］．南通大学学报（社会科学版），2019，35（1）：131-140.

业，这些行业与国家战略布局和产业发展息息相关①。行业特色高校的高质量发展也因此成为科教兴国战略、人才强国战略和"一带一路"倡议等国家战略和地方经济、产业转型升级的重要推动力。

行业特色高校由于其与行业的天然联系以及独特的办学传统，在特色人才培养方面可以起到先行、示范的作用②。如成都理工大学（原成都地质学院）是一所立足地质、能源、工程、环境、机械等的"双一流"行业特色高校，60 多年来，积极探索建立符合西部条件和行业需求的创新教育平台。以服务国家为需求，主动调整人才培养专业结构；以"地学"特色及资源为依托，构建创新教育平台体系；实施"三改一提升"计划，推进创新教育平台体系建设；建立不同层次实践平台，提升学生实践能力培养的水平，在高质量发展各方面积累了一些有益的经验。面对"产业升级和经济高质量发展"的历史机遇和新挑战，深化行业特色高校"高质量发展模式和路径"改革，借鉴国外教育经验，开展教育理论探索，实施特色教学案例，对行业特色高校的高质量创新发展具有重要引领作用。

三 国内外研究现状及发展动态分析

高校分类是"高等教育发展多样化趋势的必然要求"，但高校是复杂的社会组织，划分高校类型是世界性的难题。尽管对于行业特色高校的认识还不完全统一，但行业特色高校作为我国高校的一种类型是现实存在的，并已成为具有中国特色高等教育体系的有机组成部分，因此有必要专门进行研究。

---

① 宋旭红，冯晋祥. 我国行业性大学与行业之间的渊源关系［J］. 现代教育管理，2010（5）：22-23.

② 李廉水. 理念创新引领行业特色型高校的战略转型［C］//中国高等教育学会，江苏省教育厅. 教育理念创新与建设高等教育强国——2010 年高等教育国际论坛论文集. 南京信息工程大学，2010：6.

本书所称的行业特色高校，是指"20 世纪 50 年代由原中央业务部门主管、在 20 世纪 90 年代高等教育管理体制改革中划转教育部和地方管理的本科高校及目前仍隶属中央非教育业务部门管理的普通本科高校"[①]。通常所称的地方行业特色高校，是指 20 世纪 50 年代由原中央业务部门主管、在 20 世纪 90 年代高等教育管理体制改革中划转地方管理的本科高校（其中部分高校已入选一流学科建设高校）。

（一）文献可视化分析

运用 CiteSpace 软件对国内外关于行业特色高校的研究进行可视化分析。如图 1 所示，国外关于行业特色高校研究的核心论文发表时期要早于国内，进入 21 世纪后，国外相关研究核心论文发表数量进入波动上升期，在 2017 年达到发文量峰值，为 60 篇，国内相关研究则在 2008 年开始逐步上升，保持在年均 15 篇左右，但总体发文量较少，低于国外。

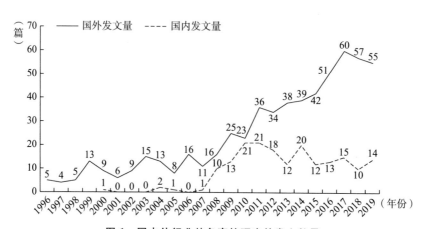

图 1 国内外行业特色高校研究的发文数量

从研究机构来看，如图 2、图 3 所示，国内外行业特色高校研究

---

① 潘懋元，王琪. 从高等教育分类看我国特色型大学发展 [J]. 中国高等教育，2010（5）：17-19.

发文机构主要集中在高校，各机构之间联系并不紧密。

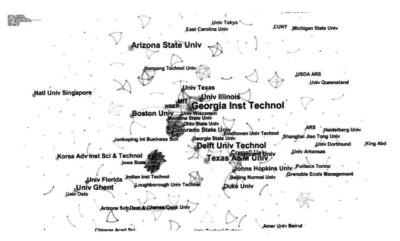

图 2　国外行业特色高校研究发文机构

图 3　国内行业特色高校研究发文机构

从发文作者来看，国外发文量达 3 篇的有 5 人，国内发文量最多的有 3 人，分别是李北群、薛岩松、罗维东，他们的发文量达 5 篇，发文量达 3 篇的有 8 人。总体来看，国内外关于行业特色高校研究的学者较多，但各研究团队之间交流合作较少。国内行业特色高校研究作者合作网络图谱如图 4 所示。

图 4　国内行业特色高校研究作者合作网络图谱

通过关键词的共现网络分析，发现目前行业特色高校研究方向集中在人才培养、一流学科、专业设置、内涵式发展、协同创新、课程设置、发展战略、建设路径等方面（见图 5）。说明当前对于行业特色高校的研究更倾向于实施举措，即如何推动行业特色高校更好发展。

（二）行业特色高校高质量发展的内涵

1. 关于行业特色高校定义的研究

2005 年，教育部副部长赵沁平同志在《发挥行业特色高校优势　为行业科技进步做出更大贡献》一文中第一次正式提出"行业特色高校"，其前身是 20 世纪 50 年代借鉴苏联模式进行院系调整形成的专门学院，20 世纪 90 年代以来，伴随着国务院机构的多次调整，一批部委相继撤并，原由部门管理的大学按照中央教育行政主管部门和省市地方两级管理的模式进行了调整和划转。已有文献从不同视角对行业特色高校做了界定：从人才培养视角，王亚杰将其定义为"以行业为依托，围绕行业需求，针对行业特点，为特定行业培养高素质专门

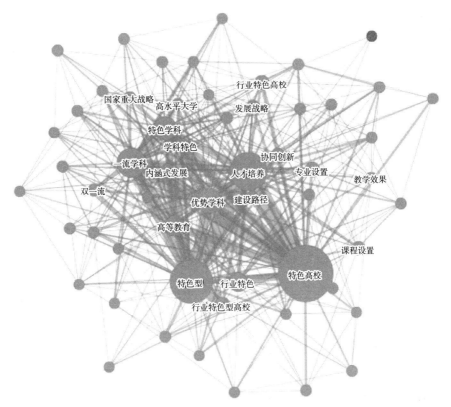

图 5　行业特色高校研究关键词共现网络

人才的大学或学院"①；从专业特色视角，潘懋元等将其定义为"依托行业发展，在行业相关的专业领域形成明显优势和显著特色的行业性专门高等院校"②；从管理体制与办学特色视角，钟秉林等将其定义为"我国高等教育管理体制改革以前隶属于中央政府部门、具有显著行业办学特色与突出学科群优势的高等学校"③；刘献君给出了简洁与

① 王亚杰. 共建互动共赢——特色型大学与区域经济社会发展的互动机制初探 [J]. 北京教育（高教版），2009（2）：21-24.
② 潘懋元，王琪. 从高等教育分类看我国特色型大学发展 [J]. 中国高等教育，2010（5）：17-19.
③ 钟秉林，王晓辉，孙进，等. 行业特色大学发展的国际比较及启示 [J]. 高等工程教育研究，2011（4）：4-9+81.

综合的定义："具有行业背景、服务面向及相应学科特色的大学"①。根据上述定义，可以辨析行业特色高校的一些要素：一是毕业生就业领域相对集中于某一行业；二是学科专业设置相对聚焦；三是主要服务于相关特定行业；四是曾经或依然归属行业主管部门。

2. 关于行业特色高校特征的研究

科学定位对于院校的建设和发展具有重要意义。参照国际教育标准分类，结合我国高等教育的实际，学者认为行业特色高校具有以下特征。

一是深厚的行业背景。多数行业特色高校在我国高等教育管理体制改革以前隶属于中央政府行业主管部门，长期依托行业发展并服务于行业，在课程体系、专业设置、人才培养模式方面与行业耦合度较高。二是突出的学科专业优势。创立之初由政府指导办学，服务于特定行业，在长期支撑行业发展、提供技术储备、培养专业人才的过程中，行业特色高校学科分布相对集中、主体学科优势明显。三是培养行业专门人才。作为人才聚集的行业特色高校，其高水平创新人才在行业领域汇聚度高，与行业内企业保持良性互动关系，对行业技术发展和人才需求理解较深入，人才高地优势明显。四是科研活动与行业紧密联系。在解决地质行业共性关键技术、促进地质行业技术创新、推动产业结构调整等方面为行业发展提供动力，开展行业企业委托课题研发，与行业企业共同申报国家重大项目，为行业企业订单式培养人才②。五是传承行业文化。行业特色高校在办学过程中形成了独特和鲜明的文化特点，在学校、行业乃至整个社会的文化建设中发挥了重要作用。要通过保持与突出特色、拓宽学科领域、服务行业发展、扩大开放交流等措施来推动文化的传承，促进学校、行业和整个社会

① 刘献君.行业特色高校发展中需要处理的若干关系［J］.中国高教研究，2019（8）：14-18.

② 张玲召，杨海光，邓龙江等.行业特色高校跨学科中心建设与发展模式［J］.中国高校科技，2017（S2）：4-6.

的文化发展①。六是师资队伍具有深厚的行业知识②。

3. 关于行业特色高校发展历程的研究

从时间维度进行考虑，新中国成立以来行业特色高校的发展历程可以划分为三个阶段。一是起源与建立阶段。从 20 世纪 50 年代开始，为了满足计划经济体制和工业体系发展需要，国家按照"以培养工业建设人才和师资为重点，发展专门学院"的方针，通过改革和调整促成了一大批钢铁、农林、地质、艺术等行业性高校的诞生，进一步强化了航空、矿产、水利、纺织等专门学校的学科力量③。二是调整和改革阶段。20 世纪 90 年代，我国高等教育管理体制进行了以"共建、调整、合并、合作"为主要特征的全面而深刻的变革。1998年，除少数军工、航空类等行业性强的学校仍归部委管理，其余行业特色高校划转到省政府，由教育部与地方政府共建，以地方管理为主，大部分院校努力朝综合性高校建设，呈现出"去行业化"的特征。20 世纪 90 年代划转教育部与地方管理的行业特色本科高校有 170所，仍由中央非教育业务部门主管的部属本科高校有 37 所，合计 207所，占公办普通本科高校的 25.34%④。三是竞争和发展阶段。2015年，国务院印发《统筹推进世界一流大学和一流学科建设总体方案》；2017 年，教育部、财政部、国家发展和改革委员会联合印发了《统筹推进世界一流大学和一流学科建设实施办法（暂行）》。20 世纪 90年代转型的 207 所高校中，入选一流学科建设名单的有 68 所，占 95所入选高校的 71.58%，大部分院校只有一个学科入选，在此后的发

---

① 张展. 行业特色高校的文化传承与创新［J］. 石油教育，2014（4）：98-100.
② 宋旭红，冯晋祥. 我国行业性大学与行业之间的渊源关系［J］. 现代教育管理，2010（5）：22-23.
③ 王亚杰. 共建互动共赢——特色型大学与区域经济社会发展的互动机制初探［J］. 北京教育（高教版），2009（2）：21-24.
④ 刘向兵."双一流"建设背景下行业特色高校的核心竞争力培育［J］. 中国高教研究，2019（8）：19-24.

展中也明显偏向该学科的发展，出现"再行业化"特征①。

与此同时，行业特色高校发展至今经历了由"高校管理"到"高校治理"的变革。行业特色高校与政府间的关系经历了新中国成立初期的高度集权和改革开放后的探索改革两个阶段。高校治理从被严格监控管理到完全依赖政府，再到政府逐步扩大高校的办学自主权，由"政府直接办学"逐步转向"政府引导和监督办学"。从高校治理的内部结构分析，1950—1956 年实行受苏联高校"一长制"影响的校长负责制，1957—1965 年实行党委领导下的校务委员会制，1966—1976 年实行"文革"时期的特殊体制，1977—1984 年实行党委领导下的校长分工负责制，1985—1989 年逐步实行校长负责制试点，1990年至今统一实行党委领导下的校长负责制。本书在梳理行业治理模式历史沿革的基础上，分析不同阶段行业特色高校的治理模式特征，总结治理经验和存在的问题，从而站在历史维度探索新时代行业特色高校的治理导向。

由于国情的不同和文化的差异，国外并没有"行业特色高校"这一明确的提法，值得借鉴的是国外具有相似产生背景或者工业背景的大学的发展状况，诸如"industry-university""industry-oriented university"等。丹尼尔·若雷和赫伯特·谢尔曼著的《从战略到变革——高校战略规划实施》一书中提到："专门高校利用某一专门学科或一系列相关学科建立起有市场需求支撑的中心。这些中心通常有高水平的研究活动。"科罗拉多矿业学院就是个很好的例子，该学院的专业集中于石油勘探和生产领域，更重视有工业开发和商业价值的实用技术的研究开发，这使该学院成为美国最具有竞争性的大学之一。另外，苏联、东欧的高等教育发展核心是按照行业设置高校，以实现计划经济需要的人才和科技创新的精准服务。法国的大学校（Grandes

---

① 刘向兵."双一流"建设背景下行业特色高校的核心竞争力培育［J］.中国高教研究，2019（8）：19-24.

Écoles）、德国的应用科学大学（University of Applied Sciences）都是以实践性教学、应用性科研和应用型人才培养等鲜明行业特色而闻名，德国大约三分之二的工程师是由应用科学大学培养出来的①。韩国浦项科技大学通过与浦项制铁公司等企业的紧密合作，利用"产学研"合作的技术创新模式构建了具有理工特色的产业式大学，这使该大学在建校 20 多年间实现了跨越式发展②。马来西亚的高等教育体系大部分都是工业驱动模式，它们为学生提供高度专业化的课程，课程大纲和课程内容直接受到工业的影响，与此同时，学校强调实践和实验环节，马来西亚高等教育体系中某些专业对产业的依赖已成为一种强制性的常态③。

当前，我国正处于从高等教育大国迈向高等教育强国的历史进程。行业特色高校是中国特色高等教育体系中不可缺少、不可替代的重要组成部分，具有令人瞩目的特色和优势。行业特色高校作为与行业具有天然联系、具备自身独特优势的大学类型，其发展对于促进行业科技进步和国家创新体系建设具有不可替代的作用④。在长期为行业部门培养人才和科学技术研究的过程中，行业特色高校面向国民经济发展的需要，根据行业特点设置应用型学科专业，形成了与该行业有关的较为集中的特色学科体系，这些学科在很大程度上决定着行业特色高校的核心竞争力。如电子科技大学（原成都电讯工程学院）以电子、信息学科为特色，西南交通大学（原唐山铁道学院）以轨道交通为特色，西南财经大学以经济、金融为特色，成都理工大学（原成都地质学院）以地质、石油、地质灾害与环境保护为特色。经过多年

---

① 钟秉林，王晓辉，孙进，等 . 行业特色大学发展的国际比较及启示 [J]. 高等工程教育研究，2011（4）：4-9+81.

② 李明忠 . 韩国浦项科技大学的办学定位与特色发展 [J]. 高等工程教育研究，2012（4）：142-147.

③ R. J. Nathan, T. T. G. Siang, and O. Shawkataly. Universities at the Crossroads: Industry or Society Driven? [J]. Australian Universities'Review, 2013, 55（2）：111-115.

④ 闫俊凤 . 我国行业特色高校发展战略研究 [D]. 北京：中国矿业大学，2014：5-6.

的建设、发展和积淀，行业特色高校的传统学科都确立了在国内高校相应学科专业中的优势地位。《国家中长期教育改革和发展规划纲要（2010—2020 年）》强调，高等教育要"适应国家和区域经济社会发展的需要，重点扩大应用型、复合型、技能型人才培养规模"，"促进高校办出特色。建立高校分类体系，实行分类管理。发挥政策指导和资源配置的作用，引导高校合理定位，克服同质化倾向，形成各自的办学理念和风格，在不同层次、不同领域办出特色，争创一流"。由此可见，无论是出于产业经济发展的需要，还是出于高等教育自身改革的需要，行业特色高校的发展都将产生极其重大的影响。

4. 关于高校高质量发展的研究

党的十九大后，高校高质量发展成为研究热点。学者们从宏观的高等教育和微观的高校案例等不同层次，特别是从"双一流"建设角度，探讨高校高质量发展。高质量内涵式发展是中国高等教育对新时代新要求的回应。高质量内涵式发展是对新一轮世界科技革命与产业变革的主动回应，是对区域经济社会发展需求的主动回应，是对新时代我国社会主要矛盾转化的主动回应[①]。高等教育高质量发展的含义及核心内涵，体现在推动高校以质量和特色为目标，争创不同类型的一流[②]。高等教育高质量发展的实现路径，包括推动高等教育体制机制创新、分类发展各具特色的高等院校、加大"双一流"高水平大学建设力度、保障高等教育公平发展、坚持立德树人重要遵循、构建全数据统计体系，还需要关注多样发展、创新发展、开放发展、集群发展和智能发展等若干问题[③]。在新时代背景下，我国大学实现高质量内涵式发展，必须以坚定不移践行"学高、德厚、贡献大"为内在要

① 陈杰，刘含萌，徐吉洪. 新时代我国大学高质量内涵式发展的若干思考 [J]. 浙江工业大学学报（社会科学版），2018，17（4）：372-378.

② 彭青. 高等教育高质量发展的本质含义与实现机制 [J]. 南通大学学报（社会科学版），2019，35（4）：133-140.

③ 赵继，谢寅波. 中国高等教育高质量发展的若干问题 [J]. 中国高教研究，2019（11）：9-12.

求，必须以坚定不移聚焦大学核心能力建设为着力点，必须以坚定不移打造鲜明特色为关键，必须以坚定不移优化结构为支撑，必须以坚定不移深化改革为保障①。

大学是推动人类社会发展的动力站，行业特色高校是培养应用型人才的重镇，肩负着培养应用型人才的重要使命。行业特色高校高质量发展应该"具有可持续性发展的能力"，以创新为动力，通过一流技术创新能力和一流社会服务能力，助推经济增长稳定，实现区域绿色发展。行业特色高校高质量发展的内涵可以总结为由依托行业、服务行业、支撑行业向带动行业、引领行业、超越行业发展。因此，行业特色高校应深耕所在行业，探索自己的办学定位、办学特色、人才培养地位，以及与之适应的规模、结构、质量、效益的协调发展，不断提升行业的服务能力和竞争力。

目前，关于行业特色高校高质量发展的定义以定性描述为主。在新时代"我国经济已由高速增长阶段转向高质量发展阶段"背景下，行业特色高校高质量发展的定量评价尚未开展，国际认可的内涵指标体系的建立及相应评价指标权重的制定是值得我们深入研究和探讨的问题。

（三）影响行业特色高校高质量发展的因素

行业特色高校在长期办学过程中形成了与行业密切相关的办学特色和优势学科，与国防、地质、冶金、机械、电子等行业产业共同发展进步，产教协同输送了大批优秀人才，校企融合取得了众多领先科技成果。但是行业特色高校在经历了20世纪90年代体制改革、高等教育大众化、高校扩招等发展环境变革之后，"依托行业而产生，服务行业而发展"的基本格局改变，行业特色高校出现了办学定位"趋

---

① 陈杰，刘含萌，徐吉洪. 新时代我国大学高质量内涵式发展的若干思考［J］. 浙江工业大学学报（社会科学版），2018，17（4）：372-378.

同""趋高"、学校规模急速扩大化、学科结构多学科化、专业设置日趋雷同、行业特色淡化、优势丧失、呈综合性发展趋势等危机，这对高校和行业健康发展产生了一定的消极影响。

制约行业特色高校高质量发展的因素是复杂的，内部因素与外部因素交织。行业特色高校的发展除了受世界高水平大学发展趋势、我国经济社会发展新常态、政府支持程度，以及高等教育新改革、新发展、新政策等宏观条件影响，也与其所依托的相关行业自身的发展变化（即行业景气度、学校所处地域条件及所在地方行业发展需求状况）密切相关，例如行业地方高校同质低质现象严重、基础学科相对薄弱、人才培养模式改革滞后等现实存在的问题，以及传统管理体制下"非自主""等靠要"的发展模式，使高校在一段时间内面临办学经费缺乏以及科研项目减少问题，学生实践实训与就业等受到一定冲击，已经不适应高等教育迅速发展的需要[①]。此外，行业特色高校办学也受到来自国内外一流大学乃至同层次高校的强力竞争，面临着多元化人才质量观的挑战以及宏观政策环境有待改善等因素的制约。

地矿类高校在我国高等教育体制的改革过程中绝大部分划归地方政府管理，在办学条件、资金来源等方面发生了重大变化，其原有的办学目标和宗旨发生了改变，且在办学过程中逐渐忽略原有行业特色，学科优势和专业特色被严重削弱，社会影响力有所下降[②]。面临四重困境：一是双重服务面向的冲突与协调；二是区域经济差距造成的"非均衡"发展；三是重点大学建设造成的"马太效应"；四是在高校定位攀升冲动中的困惑与迷茫[③]。特别是随着我国社会经济的不断发展，一方面基础建设类项目不断增多，各类地质问题的复杂程度

① 闫俊凤. 我国行业特色高校发展战略研究［D］. 北京：中国矿业大学，2014：5-6.
② 彭湃，彭媛媛. 我国行业特色大学学科建设特色化战略评析［J］. 黑龙江高教研究，2009（9）：4-7.
③ 越立莹. 传承与变革：划转院校特色大学建设的困境与超越［J］. 中国高等教育，2009（24）：45-47.

也在不断增加，解决地质问题的手段变得越来越重要；另一方面，地矿行业受大背景影响，人才需求缩减，尤其是地质、能源、新能源、环境、机械、国家重大工程建设战略、地区优势经济及产业等方面在人才供给结构上呈现出明显的断层，高尖端核心技术人才、卓越工程师以及领军型人才存在着结构性失衡现象。地矿特色高校专业学科高质量建设面临七方面问题：一是优势学科分布单一；二是新兴学科发展较为滞缓；三是学科特征过于注重应用性；四是基础学科较为薄弱；五是缺少以人为本的精神；六是行业依托关系弱化，失去行业合作"垄断"优势，产学研合作步履维艰；七是人才培养与社会需求存在矛盾关系①。地矿行业高校在发展中如何保持自身的传统特色，发挥好优势导向作用，同时打造新的学科发展增长点，寻找自主发展和行业依托之间的平衡点，是地矿行业背景高校面临的新问题。

目前，学者关注的行业特色高校存在的问题和影响因素很多，有宏观层面的，有微观层面的，有校外政策，有校内机制等，但相关分析仅停留在问题表象，缺少对各类影响因素内在联系的探究，关键核心因素的深层次剖析尚需加强，同时各类因素的影响范围及影响率的定量评价是值得我们进一步探讨的问题。

（四）行业特色高校高质量发展机制

基于上述对行业特色高校转型发展形势及影响因素的分析，一方面，国家应当从宏观上完善行业特色高校发展的政策环境，把行业特色高校的发展纳入国家战略发展体系予以重视；另一方面，行业特色高校应主动适应国家、行业和区域的战略需求，实现自身的发展。实现高等教育内涵式发展的本质是提高大学的办学质量，而大学之间最根本的竞争就是学科优势、学科特色和学术水平的竞争。山红红指

① 张平松，鲁海峰，胡友彪. 地矿行业特色背景高校专业学科建设的发展与思考［J］. 中国地质教育，2018（4）：24-27.

出："行业特色高校最大的优势就在于其拥有若干代表国家先进水平和战略需求的特色优势学科，并以行业的应用贯穿和体现其中，体现出鲜明的行业特色，同时也集中体现了学校核心竞争力。"[①] 因此，行业特色高校高质量发展的核心就是要有一流的特色学科、一流的学科特色，努力建成以行业优势学科为中心的学科集群，特别是能支撑主干发展的新兴学科，形成学校的核心竞争力和品牌示范效应。

行业特色高校要"回归本位，发挥优势，科学定位，各安其位，要有所为，有所不为"[②]，坚定不移地走内涵式发展道路，坚持学校发展与国家战略相统一、学科建设与专业建设相统一、行业成长和人才培养相统一，以特色教育满足社会行业对特色人才的需要，突出科技创新发展，在服务经济和社会发展的同时推进自身的高质量发展。从外部来看，必须全面审视学校发展所面临的战略态势，包括国家现代化建设对高等教育提出的新要求、高等教育改革发展带来的高等学校激烈竞争的新格局、学校所处的行业和地方在改革发展过程中呈现的新情况等。另外，行业特色高校根源于行业，人才培养与社会服务面向、科研创新和参与国家创新体系、创新项目建设的平台也在行业，学校应根据自身的实际情况确定长远发展战略，抢抓机遇，迎接挑战，发挥自身优势，克服自身弱点，跟上时代步伐，不断提高办学水平和办学效益。从内部来看，必须遵循高等学校办学规律，坚持科学定位，彰显办学优势，构建创新型人才培养体系，加强科学研究与学科建设，完善学校的治理结构、制度与文化环境，提高学校的核心竞争力，协调内部战略互动，形成与行业及区域稳定的共建机制，促进协同创新。总之，行业特色高校在发展战略选择上必须坚持走内涵发展、创新发展、特色发展之路[③]。

---

① 山红红. 对特色型大学建设的探讨 [J]. 中国高教研究, 2008 (8): 12-14.
② 罗承选. 关于行业院校在建设创新型国家中地位与作用的几点思考 [J]. 中国高校科技与产业化, 2007 (3): 10-14.
③ 闫俊凤. 我国行业特色高校发展战略研究 [D]. 北京: 中国矿业大学, 2014: 5-6.

地方性行业特色高校的发展应从高等教育发展、地方经济发展和行业企业发展三个维度考虑①。高树仁提出,走特色化发展道路既是行业特色高校自身发展的内在逻辑要求,又是适应市场经济体制和高等教育改革与发展的客观需要,要提升服务意识和服务能力,探索建立高校与行业之间长期稳定双赢的联系机制,深入推进产学研一体化,凸显立地服务功能,重构高校评价体系,形成对行业院校特色化发展的科学导向②。

由此可见,高质量发展内在的作用机制是一个层级传递和中心扩散的过程,学科生态建设和领军人才团队是高质量发展"新生态"的交汇点,人才建设是高质量发展的关键,应将高质量发展体现在人才培养、科学研究、社会服务和文化传承等重要功能方面。目前关于行业特色高校高质量发展的作用机制的研究较少,相关评述大多是简单的定性描述,尚未形成具有精准指导意义的高质量发展机制,各因素结构关系的模型尚需深入研究。

(五) 行业特色高校高质量发展模式

高校在长期为行业部门培养人才和科学技术研究的过程中,逐渐形成了与该行业有关的较集中的特色学科体系,这些学科在很大程度上决定着行业特色高校的核心竞争力③。发展模式是行业特色高校不断提高自身发展水平,保证学科特色的关键④。

世界各国行业特色高校在发展过程中走出各具特色的发展模式。分层次、多元化的中医教育培养模式是匈牙利佩奇大学中医孔子学院

---

① 李文冰. 地方性行业院校科学发展的策略及其举措 [J]. 中国高教研究, 2010 (4): 58-60.
② 高树仁. 行业院校特色化发展态势与战略选择 [J]. 现代教育管理, 2010 (11): 26-27.
③ 信心. 行业特色高水平大学发展战略选择:基于经济社会发展视角 [D]. 北京:北京交通大学, 2012.
④ 周磊. 行业特色型大学发展路径研究 [D]. 北京:华北电力大学, 2018.

可持续发展的重要因素，在中东欧"一带一路"国家中医药传播与使用方面发挥了独特作用，积极推动了中东欧地区在中医领域的使用与交流①。产教融合发展模式在促进艺术类和电子类高等院校教育发展及转型过程中，得到了很好的验证②。世界著名私立研究型大学普林斯顿大学，经过二百多年的发展，在学科建设上形成了以均衡发展为模式的道路③；芝加哥大学采用了综合发展模式，与普林斯顿大学发展模式不同的是，该学校强调研究工作是学校的首要工作。与普林斯顿大学和芝加哥大学不同的是，斯坦福大学和麻省理工学院在学科发展上采取了重点突破的非均衡模式④；韩国浦项科技大学在"小而精"的办学定位上采用"产学研"结合的创新模式向社会传播研究成果，输送人才⑤。

对荷兰高校的研究发现，荷兰世界一流大学学科建设发展模式的特点是不片面追求大而全⑥。校企深度融合和双师型教师的培养是德国应用技术型大学发展模式；新加坡应用技术型大学发展模式则是整合优质资源，以市场需求为导向设置专业，以实践为导向开设教学工厂⑦。创业型大学作为市场需求与传统学术平衡点上生长出的一种大学发展新模式，成为现代高等教育体系发展中的一个新趋势，"自上而下"和"自下而上"发展模式分别在荷兰阿尔托大学和新西兰奥

---

① 毛红，王蕾. 中医孔子学院可持续发展模式探索——以匈牙利佩奇大学中医孔子学院为例 [J]. 中医药文化，2017，15（2）：68-74.

② 徐华结，彭勇，孙佐，等. 产教融合协同育人背景下的校企合作发展模式探索——以池州学院微电子专业为例 [J]. 池州学院学报，2019，33（3）：118-120.

③ 翟亚军，王战军. 理念与模式——关于世界一流学科建设的解读 [J]. 清华大学教育研究，2009，30（1）：17-21.

④ 翟亚军，王战军. 理念与模式——关于世界一流学科建设的解读 [J]. 清华大学教育研究，2009，30（1）：17-21.

⑤ 李明忠. 韩国浦项科技大学的办学定位与特色发展 [J]. 高等工程教育研究，2012（4）：142-147.

⑥ 孙长智，阮萩萩. 荷兰世界一流大学学科发展布局与特征研究——基于13所荷兰高校的案例研究 [J]. 南通大学学报（社会科学版），2019，35（1）：131-140.

⑦ 刘欣. 发达国家应用技术型大学发展模式对我国高校转型的启示 [J]. 江苏经贸职业技术学院学报，2017（1）：73-76.

克兰大学体现得尤为明显①。美国斯坦福大学土木与环境工程建立了基于项目的学习实验室（PBL），该实验室以项目为中心，以客户需求为导向，整合和评估最前沿的合作技术，支持跨学科、跨地域的团队合作和学习。

我国地矿行业特色高校经过半个多世纪的发展，形成了与本行业密切相关的学科优势和鲜明的办学特色。中国地质大学是我国最早建设的地矿行业高校之一，经过近七十年发展，该学校已形成"地球科学一流、多学科协调发展"的发展模式；中国矿业大学经过长期发展和建设，已经形成以矿业为特色，理工文管等多学科协调发展的学科专业体系和多科性大学发展模式。与之不同的是，中国石油大学、长安大学等经过长期发展，形成了多学科发展模式。太原理工大学、石家庄经济学院、河北工程大学、河南理工大学、桂林理工大学等均以地矿为学校学科专业特色，目前已成为区域地矿行业高校的代表。作为一所以地学为优势特色的行业特色高校，成都理工大学近年来提出"建设优势特色显著的高水平大学"的奋斗目标，按照非均衡发展思路，探索形成了"恃优而行，以点带面，以优促精，全面提高"的学科发展模式，目前已呈现出"办特色、出精品、上水平"的学科建设格局。

目前，我国行业特色高校结合自身的学科优势和办学特色，提出了各具特色的发展模式。但什么模式是新时代中国行业特色高校高质量发展最需要、助推产业升级最有效的模式，这是本书研究和探讨的重点。

（六）行业特色高校高质量发展路径

行业特色高校是高等教育体系的重要组成部分，对高等教育的发

---

① 张彦通，刘文杰. 创业型大学发展模式比较研究——以阿尔托大学和奥克兰大学为例［J］. 高校教育管理，2017，11（5）：46-52+31.

展有着极其重要的作用，选择科学合理的发展路径至关重要①。席祯分析了行业背景院校本科人才培养特色的现状、目标定位和影响因素等情况，提出了促进行业背景院校本科人才培养的特色发展路径，即加大政府的政策对行业背景院校的引导，加强行业背景院校的行业服务功能，加强与企业的共建。② 佩奇大学中医孔子学院依托和当地政府、中国协会、企业和民间社团建立的友好关系拓展孔子学院平台空间，发展创新中医教育模式，培育民间中医文化土壤，利用本土资源开展中医国际学术交流与使用，为学校的可持续发展提供了很好的路径③。Perkmann 等认为大学正在从以学术为导向的机构转型为推动商业增长的机构④。通过产教融合，学校与企业合作实现专业课程改革、师资培训、共建专业实验室和实践基地以及产业学院，是艺术类和电子类高校的发展模式⑤。许多大学甚至建立了技术转移办公室（TTOs）、科学园区和孵化园等专门的产业机构⑥。普林斯顿大学坚持教学至上，支持科学研究，但绝对不允许科研冲击教学，即使是拥有世界级声望的教授也必须完成教学任务，实现均衡发展⑦。芝加哥大学强调研究工作是学校的首要工作，期望通过富有创新的研究工作，探索出一条

① 徐海玲，尹洁，李锋. 行业特色高校学部制改革驱动力研究 [J]. 中国高校科技，2018 (3)：48-49.

② 席祯. 行业背景院校本科人才培养特色研究 [D]. 湖北：武汉理工大学，2012.

③ 毛红，王蕾. 中医孔子学院可持续发展模式探索——以匈牙利佩奇大学中医孔子学院为例 [J]. 中医药文化，2017，15（2）：68-74.

④ M. Perkmann, V. Tartari, M. McKelvey, E. Autio, A. Broström, P. D'Este, and M. Sobrero, Academic Engagement and Commercialisation: A Review of the Literature on University-Industry Relations [J]. Research Policy, 2013, 42（2）：423-442.

⑤ 徐华结，彭勇，孙佐，等. 产教融合协同育人背景下的校企合作发展模式探索——以池州学院微电子专业为例 [J]. 池州学院学报，2019，33（3）：118-120.

⑥ B. Clarysse, M. Wright, A. Lockett, E. Van De Velde, and A. Vohora. Spinning Out New Ventures: A Typology of Incubation Strategies from European Research Institutions [D]. Working Papers of Faculty of Economics and Business Administration, Ghent University, Belgium, 2004.

⑦ 陈翠荣，王坤庆. 小而精：普林斯顿大学办学特色分析 [J]. 高等教育研究，2009，30（4）：105-109.

直达新境界的坦途。麻省理工学院坚持理工与人文交叉、协同发展，充分发挥理工学科对人文学科的支撑和带动作用，强调科研与教学并重模式①。

荷兰世界一流大学的学科建设发展模式特点是突破现有学科边界，重视学科交叉，强调学科的实践价值并着力加强产学研结合，不片面追求大而全，同时重视国际化发展战略②。通过立法，德国应用技术型大学得到了完备的制度保障，通过企业高管参与学校管理来加强校企深度融合，大力培养既有专业学位又有实际工作经验的教师；新加坡通过整合优质资源，设置以市场需求为导向的专业和以实践为导向的教学工厂，使学生管理工作规范有序③。"自上而下"创业教育模式的原动力来自学校基层，通过充分调动师生的积极性，广泛开展各类创新创业活动，并通过建立区域创业共同体和大学之间的战略伙伴关系，最终形成充满活力的地区性创业教育体系；"自下而上"发展模式以大学技术转移办公室为推动基础研究商业化的动力机构，实现以大学科研创收为动力的创业教育体系④。

自 20 世纪 90 年代高等教育体制改革以来，我国地矿行业特色高校办学条件、资金来源等方面发生的变化使办学目标和宗旨发生了一些改变，且在办学过程中逐渐忽略原有行业特色，学科优势和专业特色被严重削弱，人才培养特色、科技创新能力和社会影响力有所减弱。目前，地矿行业特色高校面临优势学科分布单一、新兴学科发展

① 翟亚军，王战军. 理念与模式——关于世界一流学科建设的解读［J］. 清华大学教育研究，2009，30（1）：17-21.
② 孙长智，阮蓁蓁. 荷兰世界一流大学学科发展布局与特征研究——基于 13 所荷兰高校的案例研究［J］. 南通大学学报（社会科学版），2019，35（1）：131-140.
③ 刘欣. 发达国家应用技术型大学发展模式对我国高校转型的启示［J］. 江苏经贸职业技术学院学报，2017（1）：73-76.
④ 张彦通，刘文杰. 创业型大学发展模式比较研究——以阿尔托大学和奥克兰大学为例［J］. 高校教育管理，2017，11（5）：46-52+31.

滞缓、基础学科薄弱、过于注重应用性等缺点①。我国地矿行业高校代表近年来均在寻求新的发展路径。中国地质大学 2017 年实施"地学长江计划"大科学计划；中国矿业大学不同学科分别实施学科振兴、拓展、提升和攀登计划；吉林大学与各学科（群）签订建设任务书，以深入推进综合改革和落实"放管服"改革精神；中国石油大学以石油与天然气工程学科为引领、地质类等优势学科为重要支撑，带动新兴交叉学科，构建"1+2+X"学科框架体系；长安大学提出了"宜居黄河科学计划"等。

成都理工大学在 2018 年实施珠峰引才计划，通过设立不同人才类别促进学校人才培养机制落实。发挥独特地缘优势，2019 年启动珠峰科学研究计划，以青藏高原及周缘为研究背景，长期开展青藏高原及周缘"原—山—盆"系统形成演化与地球动力学，青藏高原及周缘矿产资源成矿规律、勘探及开发利用，青藏高原周缘"盆地构造—沉积分异"作用与油气分布规律，以及青藏高原及周缘地质灾害防控及生态环境评价与修复四个方向上的基础和应用基础研究。通过凝练关键科学问题，开展多学科交叉的联合攻关研究和国内外合作交流，举全校之力开展长期持续和深入系统的科学研究，构筑科学研究"高地"，打造科学研究"高峰"，为"地球科学"世界一流学科建设提供支撑，全面整体推动学科发展，并以此全面提升学校的科研水平和满足国家重大需求、服务国家重大战略的能力。

目前，许多地方行业特色高校试图突破人才培养、科学研究和产业应用方面的行业壁垒，结合"双一流"建设，积极探索发展战略，提出了很多创新发展路径和对策。具体哪些特色发展路径更适应新时代需求，更符合当前中国行业特色高校高质量发展需要，是摆在行业特色高校面前的一个共同的命题。

---

① 张平松，鲁海峰，胡友彪．地矿行业特色背景高校专业学科建设的发展与思考［J］．中国地质教育，2018（4）：24-27.

（七）行业特色高校发展动态分析

在"一流学科"建设的背景下，行业特色高校的根基应该是坚持特色发展之路，贯彻落实相应的特色发展战略，走内涵式发展道路，以行业特色为核心，重视师资队伍的建设，提升人才培养的水平，加强学科方向的凝练，创新科研成果的转化，把握行业最新动向，切实把行业特色融入高校整体发展中。

反思何为高质量发展的内涵，开始直面困难。行业特色高校研究滞后于该类学校形成，对行业特色高校的聚焦与大量研究始于1998年[①]。随着我国高等教育管理体制改革告一段落，许多行业特色高校在管理体制调整和转型发展过程中面临一些困惑和难题，包括与行业主管部门联系松散、学科盲目扩展、行业定位不清晰等，由此导致管理者和学界开始对这些问题进行反思和研究。

探索行业特色高校核心竞争力，逐步认识不足。在中国经济发展新常态下，高等教育也适应性步入新常态，改革创新彰显高校办学活力。行业特色高校转型发展应调整思路，以人才培养为核心，谋求内涵发展。行业特色高校由于诸多因素的制约，与综合性大学相比缺乏普适性教学资源，同时又难以发挥自身行业特色突出的优势，人才培养模式存在不足，包括人才培养理念存在偏差、培养过程单一、管理制度刚性等[②]。高水平教师队伍决定着高校的教学、科研、服务等所有工作的正常开展，是高校核心竞争力的创造者和维护者。近年来，高水平且教学经验丰富的地质专业教授越来越少走上讲台，尤其是本科生的讲台，年轻教师挑起了地质类特色高校教学大梁[③]，由此造成

① 闫俊凤. 我国行业特色高校发展战略研究［D］. 北京：中国矿业大学，2014：5-6.
② 周建龙，王桂花. 地方特色高校人才培养模式研究［J］. 合作经济与科技，2015（19）：145-146.
③ 邹世享，刘粤湘，余际从，等. 地质类毕业生质量跟踪调查状况分析及对策［J］. 中国地质教育，2016，25（1）：4-11.

人才培养的生产力下降，问题包括"重知识传授、轻能力培养"、教学能力不适应地质行业要求、知识陈旧缺乏更新、实践能力存在不足等。

供给视角与需求视角同步分析，亟待结构优化。相对于综合类高校，行业特色高校具有口径窄、需求窄的特点，易导致简单、狭窄而特定的供需关系。中国高等教育学会"十一五"规划教育科学研究课题"高等地质教育现状调查及人才供需分析"公布的一项调查显示，硕士毕业生攻博、进入非地勘单位的占 70% 以上，而到行业内基层就业的占 15% 以下，高层次专业技术人才不愿到基层地勘单位，而留在大中城市的地质类人才相对过剩[①]。随着高等教育大众化的快速发展，应用型高校的办学规模持续扩大，地质行业高校的教学资源出现紧张现象，专业数不断增加，专业发展特色和人才培养质量也受到影响[②]。行业创新人才培养目标、内容、方法、程序、评价指标体系等系统研究极少，也不够科学，没有提出科学合理的培养措施，难以真正意义上满足需求，需要进一步优化结构。

直面普适性评价体系偏差，为行业特色评价提供依据。当前我国高校评价中存在三方面问题。一是评价主体集中于政府与市场，易造成评价的"权力集中""身份固化""公平缺失""激励不足""严重同质化"等现象。二是评价目标倾向于问责而非改进，易导致高校难以长远地考虑学校的定位和发展方向，偏向于采用"短平快"的战术和策略，尽快提升得分与排名。三是评价理念偏重院校的资源和声誉，造成"一把尺子量天下"，使大学的科研职能日益凸显，而教学职能被忽视。[③]

综上所述，行业特色高校作为与行业具有天然联系、具备自身独

---

① 董建美. 浅析地勘行业人才现状与对策 [J]. 中国矿业，2009，18（10）：32-35.

② 周石其，吴剑英，吴彩斌. 地方行业特色高校工科人才培养模式探讨——以江西理工大学为例 [J]. 高教学刊，2019（16）：166-168.

③ 姜华，苏永建，刘盛博，等. "双一流"背景下构建高校评价体系的思考 [J]. 中国高校科技，2018（7）：7-11.

特优势的大学类型，对促进行业科技进步和国家创新体系建设具有不可替代的作用，为我国经济和社会建设做出了突出贡献①。许多行业特色高校在内涵发展、路径探索等方面做了大量有益尝试，但对产业升级、经济转型发展的支撑和引领，以及对高质量发展机制、战略创新的思考较少。党的十九大明确提出，新时代"我国经济已由高速增长阶段转向高质量发展阶段，正处在转变发展方式、优化经济结构、转换增长动力的攻关期"。新时代经济高质量发展需求对行业特色高校提出了新任务、新要求。本书将以高质量发展为引领，转变发展模式，创新发展路径，破解面临的结构性难题，为行业特色高校转型发展提供理论指导，推进我国高等教育分类发展，有力助推行业转型升级和经济高质量发展。

---

① 周南平，蔡媛梦."双一流"建设中地方行业特色型高校的发展思考 [J]. 江苏高教，2020（2）：49-54.

学科专业篇

高水平行业特色大学创建世界一流学科的模式与路径

程孝良

高水平行业特色大学具有创建世界一流学科的实力，是我国创建世界一流学科的重要力量。高水平行业特色大学应立足自身的现实基础和可能条件，借鉴美国一流大学特色发展、集群发展、均衡发展、协同发展的学科发展模式与经验，遵循学科发展规律，以中国特色为统领，坚持内涵发展，强化"四大建设"，即以人才队伍建设为重点、本科教育为根本、科技创新能力为核心、大学文化为灵魂，实施"三项改革"，即管理模式改革、资源配置改革、评价体系改革，破除功利的竞争与排名意识，努力建成一批世界一流学科。

学科建设是高校队伍建设、人才培养、科学研究、社会服务等各项工作的龙头和先导，是其办学特色和办学水平的重要体现。建成一流学科是创建一流大学最根本的基础，没有世界一流的学科就不可能建成世界一流大学。当前，我国正着力创建世界一流大学和世界一流学科，以建设高等教育强国，若干所高水平行业特色大学已经具备了向世界一流学科冲击的实力。高水平行业特色大学创建世界一流学科的模式与路径应如何选择？全面考察当今世界一流大学的学科特征，深入剖析和透视世界一流大学进行学科建设的模式和理路，不仅有利于解读世界一流学科形成与发展机理，也可以为我国行业特色大学创建世界一流学科提供启迪。历史与现实地看，不同的世界一流大学有着各具特色的学科建设与发展方略，但彼此也具有共同的基本理路，即学科建设坚持内涵发展、特色取胜、集群发展、协同发展等。

一　高水平行业特色大学创建世界一流学科的必要性与可能性

（一）高水平行业特色大学创建世界一流学科的必要性

高水平行业特色大学是指在我国高等教育管理体制改革前，以与行业联系紧密的学科为特色、隶属于国务院某个部委的单科性高校，经过20世纪80年代以来的改革与发展，这类高校发展为具有显著行业办学特点、学科特色突出、适度综合的高校。为支持高校差异化发展，《统筹推进世界一流大学和一流学科建设总体方案》提出"分类推进"，既支持建设综合性大学，也支持发展小而精、有专业特色的大学。国家对高等教育的投入与高校获得的资源总量是有限的，既要保证建成若干所世界一流大学，还要使一批优势学科能首先达到世界一流，因此要想防止资源的过度"稀释"，突出重点和特色，必须有所舍弃。

特色学科是大学在长期的发展过程中积淀而形成的被社会公认的、独特的、优秀的学科，是大学特色的标志。特色学科的形成源于某学科知识体系中知识的创新和重新组合，源于某学科中科研课题所取得的新突破和新进展，处于"人无我有"的态势。一个新发现、一项新发明或一种新理论的提出，以及一种新科技的应用，往往使某学科独具特色。当今世界，特色已成为一种发展理念和战略思维，为大学所接受。任何大学，包括世界一流大学都不可能拒绝走特色发展之路，放弃培育和打造自己的学科特色和学科品牌。世界一流大学除了整体学科水平高之外，一般都拥有自己独具特色的学科。如牛津大学的政治经济学、古典文学，剑桥大学的物理、化学、生物学，哈佛大学的商业管理、政治学，斯坦福大学的心理学、电子工程、植物学，麻省理工学院的经济学、语言学、物理、生物学等。因此，高水平行业特色大学是我国创建世界一流学科的重要力量。

（二）高水平行业特色大学创建世界一流学科的现实基础

高水平行业特色大学在原服务的行业领域具有突出的优势，拥有一批重点和前沿学科，引领相关学科的方向，体现出鲜明的行业特色。在长期为行业部门培养人才和科学技术研究的过程中，行业特色高校面向国民经济发展的需要，根据行业特点设置应用型学科专业，形成了与该行业有关的较为集中的特色学科体系。这些学科在很大程度上决定着行业特色高校的核心竞争力①。如电子科技大学（原成都电讯工程学院）以电子、信息学科为特色，西南交通大学（原唐山铁道学院）以轨道交通为特色，西南财经大学以经济、金融为特色，成都理工大学（原成都地质学院）以地质、石油、地质灾害与环境保护为特色。经过多年的建设、发展和积淀，行业特色高校的这些传统学科都确立了在国内高校相应学科专业中的优势地位，并形成了所在高校的特色和优势。

高水平行业特色大学在我国高等教育体系中具有十分重要的战略地位。据统计，在国家"985 工程"院校中，行业特色大学约占 1/2；在国家"211 工程"院校中，近 50 所学校为行业特色大学②。相关数

① 程孝良. 行业特色高校学科发展模式：美国一流大学的启示 [J]. 成都理工大学学报（社会科学版），2010（1）：80-83.
② 刘向兵. "双一流"建设背景下行业特色高校的核心竞争力培育 [J]. 中国高教研究，2019（8）：19-24.

据显示，部分行业特色大学的一批学科已经达到或接近世界先进水平。例如，在第三轮（2012年）全国学科评估中，共有50所高校拥有全国排名第一的学科，其中有35所是行业特色大学，占70%；共有115个全国排名第一的学科（含并列），其中行业特色大学拥有62个，占53.9%。另外，有164所中国高校拥有进入ESI前1%的学科，其中行业特色大学有100所；有26所中国高校的48个学科进入ESI排名前1‰，其中包括7所行业特色大学的10个学科[①]。这是我国高水平行业特色大学瞄准世界一流目标不断努力的结果，也表明高水平行业特色大学具备争创世界一流学科的坚实基础。

二 高水平行业特色大学创建世界一流学科的模式

学科是大学最基本的单位，是凝聚学术力量培养人才、进行知识创新、为社会服务的依托和核心，大学学科建设的核心是学科建设模式的选择和构建。纵观世界一流大学学科建设的历史，不同高校的办学历史、学科背景与学科发展理念决定了不同的战略目标，进而造就了多元化的学科建设模式，呈现出异质化的特质，彰显了特色[②]。

（一）特色发展模式

强化学科建设特色，在学科定位、学科方向的选择与聚焦以及建设资源的集中等方面，强调特色和重点，坚持扶优扶强，重点突破，做到有所为有所不为。中国科学技术大学前校长朱清时院士曾说，任何世界一流大学都有若干学科是一流的，但是世界一流大学也不是所有学科都是一流的。如哈佛大学偏重基础学科以及主要以人文为基础

---

① 刘向兵."双一流"建设背景下行业特色高校的核心竞争力培育［J］.中国高教研究，2019（8）：19-24.

② 晋浩天.从"大者通吃"走向"特色取胜"——以"学科建设"为龙头，以"办学绩效"为杠杆［N］.光明日报，2016-06-30（10）.

的应用学科和职业学科，主干学科为法学、教育学、医学、文学、政治学、经济学、管理学。麻省理工学院以理工为主，工学居上，工学、理学和建筑学为其主干学科。普林斯顿大学偏重理工，以理为主，主干学科除理学和工学外，还有文学、社会科学、公共政策学等。普林斯顿大学虽然规模小，学科也不齐全，却连续 8 年雄踞《美国新闻与世界报道》杂志发布的美国大学排行榜榜首，很重要的一个因素就是其坚持"小而精"的学科定位与特色发展道路，在复杂的情势下保持清醒的头脑，不赶时髦，不贪大求全。正如普林斯顿大学现任校长雪莉·蒂尔曼所说："小就是美！正因为不需要什么都做，我们才能够集中精力和资源来干两件事情，一是非常严格的本科生教育，二是非常学术化的研究生教育。我们把这两件事情都做到了极致。"① 今天，你也许会因为在普林斯顿大学找不到在其他一流大学中非常普遍的法学院、医学院、商学院而惊奇，然而这正是其学科发展的特色。以创造"硅谷"财富神话而闻名的斯坦福大学只有短短 100 多年的历史，何以比肩已有 300 多年历史的哈佛大学、耶鲁大学？缘于其在学科发展模式上选择了重点突破的特色发展模式。"二战"后的斯坦福大学作为一所私立二流院校，地理位置偏僻，师资流失严重，要想成为世界一流大学极为困难。面对这一困局，时任副校长兼教务长的特曼大胆地提出了"学术顶尖"的构想，决定采取特殊措施，重点发展化学、物理和电子工程学科。经过重点建设，三个学科尤其是物理与电子工程学科成绩斐然。1952 年，布洛克因发现核磁共振现象而获得诺贝尔物理学奖，标志着斯坦福大学进入世界一流大学的行列。在电子工程学科领域，特曼出租学校的土地，建立高科技工业园，不仅使该地区成为美国高新技术企业发展的集散地（被人们称为"硅谷"），还极大地增加了学校的收入，吸引了人才，为电子

---

① 陈翠荣，王坤庆．小而精：普林斯顿大学办学特色分析［J］．高等教育研究，2009（4）：105-109.

工程学教学、科研的发展创造了更好的条件。斯坦福大学的电子工程学科与"硅谷"一起成为世界各国高水平大学进行学科建设的一个样板[①]。

（二）集群发展模式

集群发展是指注重学科交叉，在优势学科的基础上发展学科群，而不是一味地追求大而全。德国物理学家普朗克曾指出："科学是内在的统一体，它被分解为单独的部门不是由于事物的本质，而是由于人类认识能力的局限性，实际上存在着从物理到化学，通过生物学到人类学到社会科学的链条。"[②] 知识虽划分为各种不同的学科，但看似各不相同的学科之间却并非孤立与绝对割裂的，而是相互依存、相互联系的。大学学科由点到线进而由线到面的发展，大大增强了学科的繁衍能力。数学与自然科学、人文与社会科学及技术科学在知识的渗透、学科的交叉、门类的杂交中，犹如一张正在编织的大网，走向科学整体。当今科技发展不仅需要同一门类的学科之间打破壁垒和障碍，进行交流与合作，而且需要不同门类的学科进行跨学科的交叉、渗透与融合，向集成化发展。数、理、化、生等基础学科相互渗透，理科与工科、农医等不同门类相互结合，自然科学与人文科学相互交叉，在发展过程中不断产生新的研究方向、新技术与工艺及新的理论体系，催生新的学科。世界一流大学学科发展，几乎都经历了一个由单科性到多科性甚至综合性的发展过程。闻名世界的私立大学、享有"小联合国"美誉的芝加哥大学选择了与普林斯顿大学不同的学科发展模式——综合集群发展模式，设立了人类学、天文学、地球科学、经济学、地理学、历史学、语言学、物理学、统计学、社会学、神学

---

① 翟亚军，王战军．理念与模式：关于世界一流大学学科建设的解读［J］．清华大学教育研究，2009（1）：17-21.

② 夏禹龙等编著．科学学基础［M］．北京：科学出版社，1983：5.

等学科专业。自建校伊始，芝加哥大学始终坚持兼收并蓄，秉承全面发展的理念，朝着哈珀校长的理想目标——综合性研究型大学发展。

（三）均衡发展模式

普林斯顿大学在学科建设上既坚持少而精，也非常注重学科间的均衡发展。学校管理和决策部门从宏观上对各学科的发展进行有效调控与干预，注重学科间、学科与学校整体的联系，使学科间始终保持一种均衡发展的态势。不同于美国其他一流大学的是，普林斯顿大学不仅规模较小（在校生仅 7000 余人），学科也不齐全（没有法学院、医学院、商学院），但这并不妨碍甚至可能还促进了它的龙头地位的形成。另外，普林斯顿大学非常注重保持各系科之间的有机联系，从学科专业的设置、研究内容和方向的厘定到培养方案和课程体系的制定，绝不游离于整体之外，能巧妙地处理好局部与整体的关系，保持整体的平衡，维持学科发展的生态。因此，即使是一些特别热门的社会需求量大、资金充裕的科研项目，学校也不允许其无限制地发展。对那些研究基础相对薄弱、发展滞后、较少或基本不能获得外界经费资助的学科专业，学校却进行最大限度的扶持。加州大学伯克利分校坚持全面发展，各学科齐头并进，其主干学科主要有人文社会科学、工学、理学、管理学、法学等，农林、教育等学科也占有一定的比重。

（四）协同发展模式

坚持协同发展模式就是强势学科之间相互支撑，互为基础和条件，通过强强联合，形成一个错综复杂的学科网络。享誉海外的麻省理工学院（MIT）被誉为"全球理工科大学之最"。然而 MIT 始终坚持理工与人文交叉、协同发展。考察 MIT 的学科建设历史，我们发现 MIT 并不只有强大的理工学科，而且有雄冠天下的经济学科。它不仅拥有享誉世界的工程分院、自然科学分院和管理分院，在宇宙科学、原子科学、航天技术、生物工程等领域具有领先优势和特色；还通过学科交叉、协同，充分发挥理工学科对人文学科的支撑和带动作用，"培植与工程、科学直接相关的学科"，形成了"语言学与心理学携手并进，经济学与工业管理学紧密结合，政治学和电子学密切相关"的学科发展态势，建成了一流的建筑与规划分院、人文科学和社会科学分院。MIT 的工学拥有不容撼动的地位，不仅是因为有一个由航空航天工程、材料工程、电气/电子与通信工程、计算机工程、核工程、机械工程和化学工程组成的学科群，还因为有其他学校不能望其项背的数学、物理学、化学和计算机科学的强大支撑。而它之所以拥有雄冠天下的经济学，则得益于它拥有一个由发展经济学、宏观经济学、微观经济学、经济计量学、公共财政学和工业组织组成的学科支撑网。特殊的发展模式，造就了 MIT 与众不同的人文学科内涵，成就了其人文学科不输于其他学校的地位。与此同时，正是通过文理交叉、相互渗透、协同发展，MIT 的理工类学科才有了更广阔的发展空间[①]。

"条条道路通罗马"，学科发展模式本无优劣之分。所谓优劣，只在于如何在纷繁复杂的形势下，找到与学校自身优势和特色高度契合、恰切协调的学科建设模式与路径，并坚定不移地朝着设定的目标前进，最终形成我国高水平行业特色大学学科建设百家争鸣、百花齐放，和谐共生、各具特色的局面。

三　高水平行业特色大学创建世界一流学科的路径选择

路径选择主要解决"怎么做"的问题，就是要明确高水平行业特

---

① 许迈进，杜利平：美国研究型大学的学科发展战略及其启示 [J]. 中国高教研究，2005 (4)：76-77.

色大学创建世界一流学科的措施，并制定具体的行动路线图，提供支持和保障。能否为各行业与区域经济社会发展提供一流的技术与服务、培养一流人才、引领社会文化发展方向，是衡量一所高水平行业特色大学一流学科建设成效大小的重要标尺。因此，高水平行业特色大学应立足自身的现实基础和可能条件，坚持内涵发展，强化人才队伍、本科教育、科技创新能力、一流大学文化四方面建设，实施管理模式、资源配置、评价体系三方面改革，扎实推进世界一流学科建设。

（一）实施三项改革

1. 管理模式改革

学科组织是学科布局的载体，学科发展必须以学科组织为依托。我国大学的学科组织由于受 1952 年院系调整的影响和改革开放后的自我建构、相互模仿，普遍存在两个方面的问题：一是学院设置过多，院系并存，导致学科壁垒；二是院系设置没有层次，不能反映不同性质学科之间的逻辑关系，结果是对所有院系统一要求，违背了不同学科发展的特点和规律。这种状况不仅严重影响学科之间的相互交叉、融合与协同发展，而且造成不同学科之间的盲目攀比、恶性竞争。相比之下，国外一流大学的学院设置不仅数量普遍较少，而且注重学院之间的层次与布局分工，通过相互支撑促进学科发展。

美国大学科层组织与矩阵结构相结合的管理体制。为了适应既高度分化又高度综合的科技发展趋势，美国一流大学采取了科层组织与矩阵结构相结合的管理体制。一方面，继续保持按学科分化要求建立起来的院系科层式学科建制的传统，以促进学科的进一步分化；另一方面，根据学科综合化发展的趋势，建立了大量的各种形式的跨学科的研究中心或组织，以促进不同学科的交叉、融合。如麻省理工学院，除设有建筑和城市规划分院，工程分院，人文与社会科学分院，斯隆管理分院，科学分院，怀特卡保健科学、技术与管理分院等 6 个学院，以及下属的 22 个学系以外，还设有人工智能实验室、贝特斯直线加速器实验室、生物技术处理工程中心等 44 个跨学科的研究中心和实验室。

英国大学小而全的跨学科学术组织模式。英国大学坚持学校中央架构与独立的学院架构并存，其学科建设注重并强调交叉学科与新兴学科的发展。牛津大学、剑桥大学、伦敦大学等著名大学的组织架构均实行学院制，但与其他国家的大学按学科设置学院不同的是，牛津大学、剑桥大学各学院坚持小而全，鼓励文理交叉，自然学科、社会学科、人文学科并重。独特的学院制以及学科的混合为师生提供了跨学科合作研究及与其他部门加强学术联系和合作的机会。如牛津大学生命环境学部不仅包括生物化学、植物科学和动物学及综合科学，也拥有文科方面的人类学、考古学、地理和环境学等系科，充分体现了跨学科和综合性的特点。伦敦大学注重打破系科界限，设立综合性的地区研究中心、发展研究中心和教育研究中心等，同时实施研究生跨学科学习计划。

日本大学的学科学术学群、学系制。如筑波大学吸收国外大学的先进经验，针对"讲座制"造成的学科间人事交流缺乏、宗派主义严重、学科发展的整体性与统一性被割裂等弊端，大胆废除了旧式的"讲座制"，建立起了新的"学群、学系制"，使不同学科领域的教育、研究得以交流与协作。东京大学学科管理经历了"学院学系—研究所—研究中心"模式的嬗变。"学院学系"模式完全打破了老学科的旧框架，对老学科进行了彻底的改造和重组，进一步拓展了本来就较宽的学科口径。面向工业的"研究所"模式有利于解决综合领域的问题，在学科的划分上体现了学科高度综合又高度分化的发展规律。"研究中心"模式则在"研究所"模式的基础上更加体现了学科交叉融合的发展趋势。

2. 资源配置改革

学科资源配置是学科建设的"牛鼻子"。在农业经济时代，大学游离于经济社会之外；在工业经济时代，大学逐步走近经济社会，处于其边缘；在知识经济时代，大学必将日益走进经济社会中心，"巨型大学"已经成为"知识产业的中心"，成为国家发展的焦点。高水平行业特色大学要遵循学科建设规律，以成本责任为导向，改革学科资源配置机制，建立与学校发展阶段及发展目标相适应的资源配置模式。针对资源配置中较少考虑绩效，缺乏成本意识和责任约束，存在盲目扩张资源、资源利用效率不高现象等，制定综合考虑各学科在教学、科研、社会服务等方面获取资源能力的学科资源配置评估机制，使各个学科成为成本责任中心，引导学科逐步形成自我约束、自我发展的责权利统一的实体。优化外部资源配置以释放活力。紧紧围绕国家战略发展需求，突出重点发展方向，相对集中配置资源，形成若干学科高地和优势创新团队。优化校内资源配置以增强动力。明确校院两级学科建设责任，扩大学院学科资源自主统筹使用权，充分激发学院的积极性、主动性和创造力。

3. 评价体系改革

学科评估是学科建设的"指挥棒"和重要手段。当前，"双一流"建设、学科评估使我国高校学科建设由"求全"向"求强"转变。2015年4月以来，南开大学、中山大学、山东大学、兰州大学等综合性大学，相继对其教育学院、高等教育研究所等教育相关机构进行了不同程度的调整或裁撤。学科的正常调整本无可厚非，然而这种行为如果演变成一阵风，那么过度的竞争、简单的裁撤则必然破坏大学学科发展的生态。高校这种不约而同的裁撤行为实际上是一种非理性行为，反映了我国高校在"双一流"建设背景下，在学科建设上的功利化意识与价值逻辑①。有趣的是，这些被裁撤的教育机构是在半个多世纪前因教育主管部门自上而下的外在推动，加之我国高校追求大而全的学科建设格局的内在冲动而设置，现在开始打造一流学科，需要

---

① 钟焦平. 学科调整不能急功近利［N］. 中国教育报，2016-08-11（1）.

集中力量建设强势学科，由"求全"转变为"求强"，从外延式发展转变为内涵式发展。正如英国经济学家、政治哲学家哈耶克告诫的那般："当我们竭尽全力自觉地根据一些崇高理想缔造我们的未来时，我们却在实际上不知不觉地创造出与我们一直为之奋斗的东西截然相反的结果。""学校不要仅仅根据学科排名来考虑学科去留的问题，应该统筹考虑学校的办学理念和学科结构，撤销要经过论证和民主科学的程序制定决策。"① 对高校而言，学科评估的目的在于通过评估发现问题，持续改进，以保证学科建设的质量，即通过持续不断的学科评估，监测学科建设的成效和发展水平，为学校提供一把自我审核与比较评价的尺子，同时为社会监督学校办学提供一种参考②。如果将学科评估结果与一流学科建设紧密挂钩或简单套用学科评估结果进行资源配置，那么各学科为了争取建设资源，必将扭曲学科评估的目的，迎评和被评过程中必然出现各种非正常现象，学科评估的真正目的将被弃置一边③。

（二）强化四大建设

1. 建设一流人才队伍

人才队伍是学科建设的主体。一流学科必然有一流的教师队伍且结构合理，并形成若干学术团队/共同体，聚焦若干学科方向或学术前沿问题开展学术研究。学术传承依靠一代又一代学术人的薪火相传，而不可能通过具体的某一代人来完成。通过学术共同体内的传帮带，老中青形成良好的人才结构与梯队，构建金字塔型的人才队伍是理想的学术共同体模型。塔尖由学科内顶尖的科学家比如院士组成，他们是学科带头人，同时是学科/平台建设的第一责任人；中间由若

---

① 沙潞. 兰州大学撤销教育学院引争议 [N]. 新京报, 2016-08-27（A13）.
② 杨兴林. "世界一流学科"建设须预防四大误区 [J]. 现代教育管理, 2016（8）: 14-19.
③ 韩琨. 教育学科遭遇裁撤：功利 or 理性 [N]. 中国科学报, 2016-07-21（5）.

干个研究团队构成，每个研究团队由一名一流的中青年科学家做学术带头人压阵，以若干名具有副高级及以上职称和博士学位的青年教师为骨干，每个团队围绕一个研究方向持续深入地开展研究工作；塔基由若干具有博士学位的青年教师组成，他们根据自己的研究兴趣和特长，分别加入一个固定的研究团队。如此则可在老中青组成的学术队伍中形成如梅贻琦所描述的，"大鱼前导，小鱼尾随……从游既久，其濡染观摩之效，自不求而至，不为而成"。① 同时，要遵循"顶天""立地"的原则，确立若干个具体的学科方向。"顶天"，就是要深入学科的前沿，学科方向的前沿性决定了学科建设的时效性；"立地"，就是要考虑学科方向建设的可行性，没有可行性，再好的学科方向也没有实际意义。

2. 建设一流本科教育

一流本科教育是一流学科的根本。大学以培养学术造诣高深、道德高尚的人才为宗旨。作为师生共同体，大学的第一功能是人才培养，其他功能则由人才培养延展而来。如果没有对探索真理和传播知识、培养人才的追求，大学就会脱离其本源，更无法成为一流大学。学科是人才培养的基本单元，是相对独立的知识体系，是知识创新、技术创新的源头。学科是专业发展的基础，专业是学科进行人才培养的基地。专业的发展离不开学科水平的提高，任何一个专业都有主干学科作为自己的支撑。专业以学科为依托，科学技术发展到何种程度，教育就发展到何种程度，人才培养的质量取决于学科水平。同时，只有学科的分化和综合达到一定程度，才有相应的高新技术专业的出现。学科的人才培养功能是以课程为依托实现的。学科知识是构成课程的元素，学科为课程源源不断地提供构建材料，课程按教育学规律对学科知识进行传播、改造和拓展，学科要根据课程要求优化研究方向。

---

① 刘述礼、黄延复编.梅贻琦教育论著选［M］.北京：人民教育出版社，1993：99.

3. 建设一流科技创新能力

科技创新能力是一流学科的核心。科技创新能力构成学科、大学乃至国家的核心竞争力。无论是按国际通用的评价准则还是服务于国家重大需求，一流学科的科研在本质上是科技创新能力。什么是一流的科技创新能力？对于基础研究和应用基础研究项目而言，其创新成果主要体现为高水平论文和论文的引用；对于解决国家重大需求和服务于社会的项目而言，其创新成果主要体现为发明专利和专利的转让、成果的转化应用。大学是基础研究的主力军、科技开发的生力军和应用研究的重要力量。美国赠地学院运动与范·海斯在 1904 年提出的"威斯康星计划"，开了高等教育为社会服务的先河。此后社会服务逐渐成为美国大学的一项重要职能，成为一种具有世界影响的大学理念。西方大学的共同理念就是把大学教育作为一种社会服务，这种服务的最终结果是培养高素质的国民，并使这些人才用科学技术服务于社会，同时，生产出高水平的科技成果，使国家在各个方面处于国际领先地位。此外，增强一流科技创新能力，还要建立包容创新的体制和鼓励创新的文化与环境，形成激发每一位教师的学术潜能、促进学生全面发展的创新文化氛围。

4. 建设一流大学文化

大学文化是一流学科的灵魂，是大学在办学过程中形成的学术传统、思维方式、价值观念、行为习惯、精神气质和氛围的总和，是大学思想、制度和精神层面的一种过程和氛围。大学文化包括校园建筑、景观设施等呈现的物态文化，教学科研学术思想及对大学精神、校训的认同感体现出的精神文化，管理制度彰显的思想与制度文化，以及师生的人际交往、行为举止等反映的行为文化。对创建一流学科而言，一流的大学文化包括崇真尚实的科学精神、自由独立的民主精神、与时俱进的创新精神、追求卓越的进取精神、兼容并包的开放精神等时代内涵。当前，我国大学在学科建设中存在着过分功利化的趋向，究其原因，在西方各种思潮和价值观的影响下，新自由主义所推崇的市场原教旨主义、消费主义所滋生的拜金主义和享乐主义迎合了一部分人追求眼前、局部物质利益，快速改善生活水平，一夜暴富的诉求和渴望，从而使一部分人陷入了对物质利益和感官享受的极端崇拜之中，产生了"商品拜物教"。一方面，导致了崇尚工具理性的价值观念，实用化、功利化西方社会价值观受到一部分人的推崇；另一方面，在市场化的语境和实践中，过去行之有效的理想主义价值观失去了原有的说服力和影响力，在社会生活快速变革的时代背景下，无法在短期内给人提供各种社会生活和行为的价值与意义，从而导致价值信仰危机，使得高扬理想主义旗帜、崇尚价值理性的社会主义价值观、信仰体系和思想方式面临被日益消解的危险。一些高校在市场化的学术评价体系和商业标签中放弃了人才培养与社会服务的价值目标，出现了功利化趋向。为此，亟待建设一流的大学文化，找回大学精神，补足现代大学精神上的"钙"。

行业特色高校学科发展模式：
美国一流大学的启示

程孝良

特色学科是差异化战略的具体体现，是行业特色高校核心竞争力的核心要素和集中体现。在美国，保持特色优势是行业特色高校的立校之本。学科发展有均衡发展、重点突破、有限发展、综合发展、学科交叉协同发展几种典型模式。就我国而言，多学科交叉协同、非均衡发展模式是行业特色高校的强校之路。成都理工大学"恃优先行，以点带面；以优促精，全面提高"的学科发展模式正是国内行业特色高校发展的典型案例。

行业特色高校指以行业为依托，围绕行业需求，针对行业特点，为特定行业培养高素质专门人才的大学或学院[①]。据统计，在1998—2001年高等教育管理体制改革中，全国共有252所普通行业特色高校实现了管理体制转变，其中本科院校163所，36所划转教育部管理，127所划转地方管理[②]。在管理体制改变、服务面向调整、招生规模

---

① 潘懋元，车如山. 特色型大学在中国高等教育中的地位与作用 [J]. 大学教育科学，2008（2）：11-14.
② 王亚杰，张彦通. 论新时期特色型大学的建设和发展 [J]. 教育研究，2008（2）：47-52.

扩大的背景下，行业特色高校学科建设出现了分化、转型的趋势。在保持与发展之间如何抉择，在新形势下如何重新定位，凸显自身传统学科优势与特色效应，发挥对经济社会发展的辐射功能和支持作用，同时寻求新的学科生长点，实现可持续发展，成为我国行业特色高校学科建设亟待破解的理论与实践难题。

一 学科建设是行业特色高校核心竞争力的集中体现

在管理体制改革以前，行业特色高校大多在原服务的行业领域具有突出的优势，拥有一批重点和前沿学科，引领相关学科的方向，体现出鲜明的行业特色。在长期为行业部门培养人才和进行科学技术研究的过程中，行业特色高校面向国民经济发展的需要，根据行业特点设置应用型学科专业，形成了与该行业有关的较为集中的特色学科体系。这些学科在很大程度上决定着行业特色高校的核心竞争力。如电子科技大学（原成都电讯工程学院）以电子、信息学科为特色，西南交通大学（原唐山铁道学院）以轨道交通为特色，西南财经大学以经济、金融为特色，成都理工大学（原成都地质学院）以地质、石油、地质灾害与环境保护为特色，成都信息工程大学（原成都气象学院）以气象为特色。经过多年的建设、发展和积淀，行业特色高校的这些传统学科都确立了在国内高校相应学科专业中的优势地位，并形成了所在高校的特色和优势。因此，特色优势学科的建设是行业特色高校形成自身特色的核心要素。

二 管理体制改革后行业特色高校
学科发展现状与问题

管理体制改革后，行业特色高校都从行业主管部门划转教育部或地方省市管理，原部委撤并或不再管理这些高校，高校与行业部门的沟通渠道和机制日益弱化，行业特色高校迅速被"边缘化"。在市场、招生、经费和舆论导向的压力下，一些高校为求生存、谋发展，不断扩大招生规模，纷纷上马新办学科专业，这些行业特色高校开始向综合性大学迈进，学科建设呈现出"多科化"的特征，传统特色优势学科专业招生规模所占比例大幅度降低；一些高校谋求合并、更名，不断拓展学科专业覆盖面和服务领域，试图以规模扩张和适度综合来渡过生存危机，学科建设呈现出"去行业化"的趋势；还有一些高校则选择了保持学科原状，以不变应万变。学科建设是行业特色高校发展学术，提高科学研究水平，形成核心竞争能力的关键。面对复杂的形势，行业特色高校的学科特色应该保持还是放弃？学科建设应该采取什么样的模式和路径？有何模式可以借鉴？

三　美国一流大学学科发展的典型模式分析

（一）均衡发展模式与重点突破模式

由于资源相对有限，高校学科间的竞争不可避免。如何处理学科间的关系？是维持均衡发展状态，促进学科协调共同发展，还是坚持非均衡发展模式，集中资源重点扶持一些学科优先发展起来，再带动其他学科共同发展？这取决于大学的目标设定及在特定历史时期面临的具体形势。闻名遐迩的普林斯顿大学在学科建设上走出了一条均衡发展之路，学校管理和决策部门从宏观上对各学科的发展进行有效调控与干预，注重学科间、学科与学校整体的联系，使学科间始终保持一种均衡发展的态势。不同于美国其他一流大学的是，普林斯顿大学不仅规模较小（在校生仅7000余人），学科也不齐全（没有法学院、医学院、商学院），但这并不妨碍甚至可能促进了它的龙头地位的形成。另外，普林斯顿大学非常注重保持各系科之间的有机联系，从学科专业的设置、研究内容和方向的厘定到培养方案和课程体系的制定，绝不游离于整体之外，能巧妙地处理好局部与整体的关系，保持整体的平衡，维持学科发展的生态。因此，即使是一些特别热门的社会需求量大、资金充裕的科研项目，学校也不允许其无限制地发展①。而对那些研究基础相对薄弱、发展滞后、较少或基本不能获得外界经费资助的学科专业，学校却进行最大限度的扶持。因创造硅谷财富神话而闻名的斯坦福大学只有短短100多年的历史，何以比肩已有300多年历史的哈佛大学、耶鲁大学？缘于其在学科发展模式上选择了重点突破的非均衡模式。"二战"后的斯坦福大学作为一所私立二流院校，地理位置偏僻，师资流失严重，要想成为世界一流大学极为困难。面对这一困局，时任副校长兼教务长的特曼大胆地提出了"学术顶尖"的构想，决定打破所有学科均衡发展的传统做法，采取特殊措施，重点发展化学、物理和电子工程学科，经过重点建设，三个学科尤其是物理和电子工程学科成绩斐然。1952年，布洛克因发现核磁共振现象而获得诺贝尔物理学奖，标志着斯坦福大学进入一流大学的行列。

（二）有限发展模式与综合发展模式

如前所述，普林斯顿大学虽然规模小，学科也不齐全，却连续8年雄踞《美国新闻和世界报道》杂志发布的美国大学排行榜榜首，很重要的一个因素就是其坚持"小而精"的学科定位与特色发展道路，在复杂的情势下保持清醒的头脑，不赶时髦，不贪大求全。正如普林斯顿大学现任校长雪莉·蒂尔曼所说："小就是美！正因为不需要什么都做，我们才能够集中精力和资源来干两件事情，一是非常严格的本科生教育，二是非常学术化的研究生教育。我们把这两件事情都做

---

① 翟亚军，王战军．理念与模式：关于世界一流大学学科建设的解读［J］.清华大学教育研究，2009（1）：17-21.

到了极致。"① 今天，你也许会因为在普林斯顿大学找不到在其他一流大学中非常普遍的法学院、医学院、商学院而惊奇，然而这正是其学科发展的特色。驰誉世界的私立大学、享有"小联合国"美誉的芝加哥大学则选择了与普林斯顿大学几乎完全相反的学科发展模式——综合发展模式，设立了人类学、天文学、地球科学、经济学、地理学、历史学、语言学、物理学、统计学、社会学、神学等学科专业。始终坚持兼收并蓄，秉承全面发展的理念，建校伊始，就一直朝着哈珀校长的理想目标——综合性研究型大学发展。

（三）学科交叉协同发展模式

久负盛名的麻省理工学院（MIT）有着"全球理工科大学之最"的美誉。然而，考察 MIT 的学科建设，我们发现 MIT 并不只有理工科，而是坚持理工与人文交叉协同发展。因此，它不仅拥有享誉世界的工程分院、自然科学分院和管理分院，在宇宙科学、原子科学、航天技术、生物工程等领域具有领先优势和特色；还通过学科交叉协同，充分发挥理工科对人文学科的支撑和带动作用，"培植与工程、科学直接相关的学科"，形成了"语言学与心理学携手并进，经济学与工业管理学紧密结合，政治学和电子学密切相关"② 的学科发展态势，建成了一流的建筑与规划分院、人文科学和社会科学分院。特殊的发展模式，造就了 MIT 与众不同的人文学科内涵，成就了其人文学科不输于其他学校的地位。③ 与此同时，正是通过文理交叉、相互渗透，MIT 的理工类学科才有了更广阔的发展空间。

---

① 陈翠荣，王坤庆．小而精：普林斯顿大学办学特色分析［J］．高等教育研究，2009（4）：105-109.
② 翟亚军，王战军．理念与模式：关于世界一流大学学科建设的解读［J］．清华大学教育研究，2009（1）：17-21.
③ 翟亚军，王战军．理念与模式：关于世界一流大学学科建设的解读［J］．清华大学教育研究，2009（1）：17-21.

纵观美国一流大学学科建设的历史，不同高校的办学历史、学科背景与学科发展理念决定了不同的战略目标，进而造就了多元化的学科建设模式，呈现出异质化的特质，彰显了特色。故此，窃以为学科发展模式本无优劣之分。所谓优劣，只在于如何在纷繁复杂的形势下，找到与学校自身优势和特色高度契合、恰切协调的学科建设路径与模式，并坚定不移地朝着设定的目标前进，最终形成我国大学学科建设百家争鸣、百花齐放，和谐共生、各具特色的格局。人才培养的殊途同归，让更多大学跻身世界一流大学之林。

四 对我国行业特色高校学科发展的启示

（一）保持特色优势是行业特色高校的生存之道、立校之本、兴校之源

行业特色高校根源于行业，人才培养面向行业，社会服务影响力主要在行业，科学研究和参与国家创新体系建设的最大平台也在行业。因此，以服务行业为己任，保持行业特色是行业特色高校的生存之道、立校之本、兴校之源。同时应该意识到，特色不是一劳永逸、一成不变的。一方面，要不断加强符合行业需求的已有学科方向建设，保持学校特色；另一方面，要根据行业产业部门的需求，适度延长学科链。因受原主管部门业务范围的限制，行业特色高校所设置的专业有限，学科链较短。管理体制改革后，行业特色高校同时面临服务行业和服务区域经济与社会的双重任务。因此，行业特色高校应重视学科基础，根据区域经济社会发展的需要，从纵向上适度延长学科链，从横向上建立交叉学科群，通过学科交叉、渗透，把优势学科和新兴学科融合起来，不断整合学科资源，凝练新的特色，维持学科发展生态。只有这样，才能始终保持在行业特色学科专业的领军地位。

（二）多学科交叉协同、非均衡发展模式是行业特色高校的强校之路

经济社会发展、学科自身的需要和科学技术的日新月异，使多学科交叉协同和相互渗透成为整体发展趋势，拓宽学科覆盖面和服务面向，实现办学方向由单一学科向特色鲜明的多学科转型成为行业特色高校今后发展的必然选择。为此，行业特色高校应适应现代科技发展，根据各学科发展规律积极组建由相邻学科、相关学科构成的学科集群，进一步促进学科协作和协调发展，通过优势与非优势结合、基础与应用结合、工科与理科结合、理工与文管结合，寻求新的学科增长点。然而，拓宽学科覆盖面绝不是盲目追求大而全，而是要在保持特色的基础上坚持"有所为，有所不为；有所先为，有所后为"的非均衡发展模式，通过差异化发展战略，充分发挥特色学科的辐射与带动作用，通过交叉、渗透适时地发展既为行业产业部门与社会发展所需，又能与特色学科互补和相互支撑的新兴学科。

五 成都理工大学"恃优先行，以点带面；以优促精，全面提高"的学科发展模式

成都理工大学始建于 1956 年，前身是成都地质学院，曾是地质矿产部和国土资源部重点高校、我国地质院校"五朵金花"之一，2000 年由国土资源部划转四川省管理。近年来，成都理工大学提出了建设有显著特色的高水平研究教学型多科性大学的奋斗目标。如何突出这所拥有几十年历史的省属重点高校的"显著特色"？在学科建设方面是全面出击，还是整合学校资源，重点突破？成都理工大学睿智地选择了后者，按照非均衡发展思路，提出了"恃优先行，以点带面；以优促精，全面提高"的学科发展模式，对重点学科进行分层次建设，打造学科建设的"凝练"之美。"恃优先行，以点带面"指通

过整合资源，实现资源集约配置，集中有限资源重点支持和建设传统优势学科和特色学科，并率先在优势学科领域为社会进步和科技发展做出卓越贡献。同时，依托传统特色优势学科专业，带动若干个具有特色和发展潜力的新兴、交叉学科项目的发展。"以优促精，全面提高"指以特色优势学科的办学传统、优质资源平台建设，打造一批解决区域经济和社会发展重大问题的学科群旗舰和学科群品牌，通过层次分明的学科建设梯队，提高学校整体学科专业建设水平。通过促进不同优势学科的联合互补和学科结构与布局的优化，成都理工大学在保持传统优势特色的基础上，建设了一批高水平的跨学科研究平台，形成了若干新兴特色学科群，提高了创新能力，增强了主干学科发展的后劲和动力，呈现出"办特色、出精品、上水平"的学科建设格局。

在学科专业结构调整中，学校坚持依托优势学科专业，如地质、资源、环境等，注重学科专业生长发展的内生性，通过优势学科专业在新领域的渗透、交叉和生长，形成学科专业链，组建学科专业群，走内涵式发展道路。由于坚持专业发展的内生性，学校现有各专业内在联系十分密切，没有一个是游离和孤立发展的。它们大多围绕环境、资源学科群这一主线，通过渗透、交叉、嫁接等多种方式，依靠专业的内在联系生长而成，形成了覆盖每一个专业的纵向的学科链和横向的学科群。如在地球物理学基础上，学校依据信息技术在地球物理勘探专业领域的发展和广泛运用这一特征，发展了计算机科学与技术、信息工程、电子信息工程、电气工程及其自动化等信息科学类专业；在水文地质与工程地质的基础上，发展了岩土工程、建筑工程、环境工程、土木工程等专业；在放射性地质与勘探的基础上，发展了核工程与技术、测控仪器与技术等专业；在矿产地质勘查的基础上，发展了测绘工程、地理信息系统等专业；在数学地质的基础上，发展了数学与应用数学、信息与计算科学等专业；在工业分析基础上，发展了应用化学、化工与制药、生物工程等专业。法学、经济学、工商管理等专业，则是在资源经济评价与资源法律保护等基础上衍生、渗透和发展产生的。按照大资源、大环境、大地学的科学概念，学校利用自身的学科专业优势，对学科专业进行深度整合，并促进其横向发展，形成有机联系、相互支撑并具有鲜明特色和优势的资源环境、电子信息、文法经管、新兴学科四大学科专业群，既保持了传统优势学科的特色，又发展了新兴学科，实现了学科专业的协调、可持续发展。

创建世界一流学科的模式与路径

程孝良

在创建世界一流学科的过程中，高水平行业特色大学该如何抉择？历史与现实地看，不同的世界一流大学有着各具特色的学科建设与发展方略，但彼此有着共同的理路，即坚持内涵发展、特色取胜、集群发展、协同发展。

高水平行业特色大学创建世界一流学科的模式主要有以下四种。

一是特色发展模式。强化学科建设特色，在学科定位、学科方向的选择与聚焦、建设资源的集中等方面强调特色和重点，坚持扶优扶强，重点突破，做到有所为有所不为。中国科学技术大学原校长朱清时院士曾说，任何一所世界一流大学都有若干学科是一流的，但是世界一流大学也不是所有学科都是一流的。以创造"硅谷"财富神话而闻名的美国斯坦福大学只有短短100多年的历史，何以比肩已有300多年历史的哈佛大学、耶鲁大学？缘于其在学科发展模式上选择了重点突破的特色发展模式。"二战"后的斯坦福大学作为一所私立二流院校，地理位置偏僻，师资流失严重，要想成为世界一流大学极为困难。面对这一困局，时任副校长兼教务长的特曼大胆地提出了"学术顶尖"的构想，决定采取特殊措施，重点发展化学、物理和电子工程学科，经过重点建设，三个学科尤其是物理和电子工程学科成绩斐然。1952 年，布洛克因发现核磁共振现象而获得诺贝尔物理学奖，标志着斯坦福大学进入一流大学的行列。在电子工程学科领域，特曼依靠出租学校的土地，建立高科技工业园，不仅使该地区成为美国高新技术企业发展的集散地（被人们称为"硅谷"），而且极大地增加了学校的收入，吸引了人才，为电子工程学教学、科研的发展创造了更好的条件。斯坦福大学的电子工程学科与"硅谷"一起成为世界各国高水平大学进行学科建设的一个样板。

二是集群发展模式。集群发展是指注重学科交叉，在优势学科的基础上发展学科群，而不是一味地追求大而全。当今科技发展不仅需要同一门类的学科之间打破壁垒和障碍，进行交流与合作，而且需要不同门类的学科进行跨学科的交叉、渗透与融合，向集成化发展。数、理、化、生等基础学科相互渗透，理科与工科、农医等不同门类相互结合，自然科学与人文科学相互交叉，在其发展过程中不断产生新的研究方向、新技术与工艺以及新的理论体系，催生新的学科。闻名世界的私立大学、享有"小联合国"美誉的芝加哥大学选择了综合集群发展模式，设立了人类学、天文学、地球科学、经济学、地理学、历史学、语言学、物理学、统计学、社会学、神学等学科专业。芝加哥大学始终坚持兼收并蓄，秉承全面发展的理念，朝着哈珀校长的理想目标——综合性研究型大学发展。

三是均衡发展模式。普林斯顿大学在学科建设上既坚持少而精，也非常注重学科间的均衡发展。不同于美国其他一流大学的是，普林斯顿大学不仅规模较小（在校生仅 7000 余人），学科也不齐全（没有法学院、医学院、商学院），但这并不妨碍甚至可能还促进了它的龙头地位的形成。另外，普林斯顿大学非常注重保持各系科之间的有机联系，从学科专业的设置、研究内容和方向的厘定到培养方案和课程体系的制定，绝不游离于整体之外，能巧妙地处理好局部与整体的关系，保持整体的平衡，维持学科发展的生态。因此，即使是一些特别热门的社会需求量大、资金充裕的科研项目，学校也不允许其无限制地发展。而对那些研究基础相对薄弱、发展滞后、较少或基本不能获得外界经费资助的学科专业，学校却进行最大限度的扶持。

四是协同发展模式。享誉海外的麻省理工学院（MIT）被誉为"全球理工科大学之最"。MIT 始终坚持理工与人文交叉、协同发展。MIT 并不只有强大的理工科，而且有雄冠天下的经济学科。它不仅拥有享誉世界的工程分院、自然科学分院和管理分院，在宇宙科学、原子科学、航天技术、生物工程等领域具有独特的领先优势和特色；还通过学科交叉、协同，充分发挥理工科对人文学科的支撑和带动作用，"培植与工程、科学直接相关的学科"，形成了"语言学与心理学携手并进，经济学与工业管理学紧密结合，政治学和电子学密切相关"的学科发展态势，建成了一流的建筑与规划分院、人文科学和社会科学分院。特殊的发展模式造就了 MIT 与众不同的人文学科内涵，成就了其人文学科不输于其他学校的地位。与此同时，正是通过文理交叉、相互渗透、协同发展，MIT 的理工类学科才有了更广阔的发展空间。

我国行业特色大学可学习借鉴美国、英国、日本等国外一流大学的学科组织模式。美国大学科层组织与矩阵结构相结合的管理体制表现为：一方面，继续保持按学科分化要求建立起来的院系科层式学科建制的传统；另一方面，根据学科综合化发展的趋势，建立了大量的各种形式的跨学科的研究中心或组织，促进不同学科的交叉、融合。如 MIT 除设有建筑和城市规划分院等 6 个学院外，还设有人工智能实验室等 44 个跨学科的研究中心和实验室。英国大学小而全的跨学科学术组织模式表现为：坚持学校中央架构与独立的学院架构并存，学科建设注重并强调交叉学科与新兴学科的发展。牛津大学、剑桥大学等虽实行学院制，但鼓励文理交叉。独特的学院制以及学科的混合为师生提供了跨学科合作研究及与其他部门加强学术联系和合作的机会。日本大学的学群、学系制，使不同学科领域的教育、研究得以交流与协作。面向工业的"研究所"模式有利于解决综合领域的问题，在学科的划分上体现了学科高度综合又高度分化的发展规律。"研究中心"模式则在"研究所"模式的基础上更加体现出了学科交叉融合的发展趋势。

地方行业特色高校专业供给侧结构性改革的探索与实践

——以成都理工大学为例

程孝良　王　众

专业供给侧结构性改革是建设高水平本科教育的需要，也是现代高校治理体系建设的重要抓手。作为一所地方行业特色高校，成都理工大学认真贯彻落实全国教育大会、新时代全国高等学校本科教育工作会议精神，扎实推进"放管服"改革，下好专业供给侧结构性改革"先手棋"，以"标准化+信息化"建设为引领，做好顶层设计，激发办学活力，完善评估制度，创新监管模式，简化评估程序，创新服务方式，着力构建与优势特色显著的高水平大学和"双一流"建设相适应的本科专业体系，取得了良好成效。

专业是建设一流本科、培养一流人才的支柱。在从高等教育大国向高等教育强国迈进的征程中，我国一些高校专业设置贪多求全，部分专业特色不够鲜明、与社会适应度不高等问题逐步显现。实现变道超车，从跟跑到并跑、领跑，要求高校坚定不移从规模扩张全面转向内涵式发展，把深化专业供给侧结构性改革作为建设高水平本科教育的关键一招和创新一招。成都理工大学深入学习贯彻全国教育大会精神，认真落实新时代全国高等学校本科教育工作会议部署要求，把深化专业供给侧结构性改革作为提升本科教育质量的重点环节，以"标准化+信息化"建设为引领，建立健全专业预警、退出和动态调整机制，构建"数量适中、结构优化、适应需求、特色鲜明"的专业体系，努力培养更多高素质本科人才。针对专业评估体系不健全、自主性和系统性不足、评估方法与手段单一、过程性评估未得到体现、评估结果利用不充分、发展性评估不深入等问题，构建"测教""测学""测管"三维度日常教学监测与专业评估有机融合的本科专业评估体系，实现专业评估分布式实施。同时，研发教学运行状态数据平台及监测数据量化分析评价模型，实现评估信息常态化采集；坚持校内日常运行监控数据和校外第三方调研数据相结合、集中检查与随机抽查相结合、自我评价与专家评价相结合、学生评价与教师评价相结合、定性评价和定量评价相结合的"五结合"评估方式，完善自我评估促进质量提升的长效机制；提供集评估理念、规则、标准、方法、实践操作规程于一体的教学评估系统化解决方案。

一 深化专业供给侧结构性改革的背景

首先，从高等教育发展形势来看，当前我国高等教育已从传统"规模扩张，大者通吃，贪大求全"的时期进入"内涵发展，特色取胜，争创一流"的新阶段，高校间的竞争空前激烈。"办出特色，争创一流"将是高校的发展方向，"以质图强，提质增效"将是高校的发展主流，因此坚持内涵发展、精准发力、办出特色，摒弃"贪大求全"的思维与倾向，主动服务经济社会发展与国家发展战略需要，及时优化学科专业结构与布局是学校安身立命、突出重围的必然选择。2018年以来，新时代全国高等学校本科教育工作会议、《教育部关于加快建设高水平本科教育 全面提高人才培养能力的意见》、《教育部

2019年工作要点》等对建立健全学科专业动态调整机制，加强一流本科专业建设提出了更高更明确的要求。

其次，从学校内涵发展面临的压力来看，因历史原因，我国地方高校办学资源相对不足，一些学校新校区征地和建设欠债较多，加之政府支持化债不足，导致欠债还贷的刚性支出压力巨大。与此同时，学校面临教学行政用房紧缺、部分专业实验教学仪器设备不足等问题，而过多的专业数量又进一步分散了原本就相对不足的师资力量、实验室资源等，影响专业内涵建设和学校内涵发展。经过多年的建设，尽管大部分专业的办学实力纵向上有了一定的增强，但是横向上已经落后于同类高校，表现为各类排行榜排名的下滑。

再次，从学校本科专业发展现状来看，在办学历程中，学校主动适应国家和社会需要，调整学科和办学层次结构，本科专业逐渐增加。本科专业数从1956年建校时的4个增长到2018年的92个，数量过多，增长过快，导致办学资源分散。同时，专业结构不合理，优势专业仍主要集中于地质、能源、资源科学、核技术等领域，特色领域没有明显扩大，专业综合改革力度不够，招生专业数量偏多，信息科学、机械制造及人文社会科学等非传统优势领域尚未形成有竞争优势的学科专业群，专业结构尚不能适应国家和地方产业结构调整与优化升级的需求。专业发展不平衡，资源分布不均衡。部分专业已经是国家级、省级特色专业，也有部分专业人才培养目标定位不明确，师资不足，实践教学资源短缺，学生报考率低，就业不理想，缺乏特色和核心竞争力，专业内涵建设整体水平亟待提高。

最后，从一流学科建设任务来看，建成世界一流学科必须办出一流的本科教育，而一流专业是建设一流本科教育、培养一流人才的支柱，要办好一流本科，必须有一流专业做支撑。因此，学校需要建成一批国家级一流专业和一大批省级一流专业，来支撑一流人才的培养，进而促进一流学科建设。

在国家创新驱动发展、"一带一路"、"中国制造 2025"、"互联网+"等重大战略和倡议背景下，学校面临负债前行、高质量发展和"双一流"建设的挑战和要求，整合办学资源，实现师资力量、教学设施的优化配置，专业结构的优化调整势在必行。

二 深化专业供给侧结构性改革的创新举措

（一）强化整体设计，激发办学活力

出台《本科专业优化调整工作方案》，围绕"控制规模、优化结构，强化内涵、提高质量，突出特色、打造一流"的目标，按照"广泛调研、分类指导，充分论证、分步实施"的方针，坚持"扶优扶特扶新"和"有所为，有所不为"的原则，将学校办学优势特色与社会需求相结合、学科建设和专业发展相结合，系统推进学校本科专业优化调整。构建专业分级管理体制，确保办学自主权"放得下、接得住、用得好"。落实学院在专业建设中的主体责任，激发专业办学活力。将专家评议作为专业优化调整的重要决策环节，发挥学术委员会作用，保证专业优化调整论证充分、决策民主、程序规范。

在数量上，减少本科招生专业数量，除因社会急需、国家战略性产业调整等需新增的少量专业外，原则上只退不进，只减不增。未来 3—5 年，本科招生专业控制在 70 个以内，原则上一个学院不超过 5 个本科专业。在结构上，坚持"扶优扶特扶新、集群发展"的专业发展策略，在保持地球科学优势地位的基础上，根据国家和四川社会经济和产业发展需要，适时发展符合国家和地方战略性新兴产业需要的新兴专业，培育新的特色优势专业集群，打造专业建设新高地，提升专业办学水平和服务区域经济社会发展的能力。同时，调整或关停部分实力偏弱、发展乏力且不能满足国家和地方经济建设和社会发展需求的本科专业，构建符合优势特色显著的高水平大学和世界一流学科

建设高校发展需要的本科专业体系。在内涵上，通过专业优化调整，促进各专业以《普通高等学校本科专业类教学质量国家标准》为标尺，加强师资队伍建设、课程体系建设、教材建设、实践教学平台建设，牢固树立精品意识，倾力打造特色品牌，全面提升学校本科专业办学质量。利用 3—5 年的时间，依托一流学科建设，做精做强一批优势特色本科专业，建成国家级一流专业 15 个左右，省级一流专业 30 个左右。

为保证专业优化调整得到充分论证、决策程序民主科学，学校在起草专业调整相关程序和标准后，通过多种渠道和形式征求教职工和学术委员会委员的意见，并将专家评议作为专业优化调整的重要决策环节，将排序后 15% 的专业名单提交校学术委员会，最终确定专业优化调整方案，确保办学自主权"放得下、接得住、用得好"。

（二）完善评估制度，创新监管模式

首先，完善校内专业评估制度，坚持在"评"上做好文章、为"管"提供依据、为"办"提供服务的思路，以《普通高等学校本科专业类教学质量国家标准》为标尺，制定《本科专业评估实施方案（试行）》，构建了包含专业定位与发展、师资队伍、教学条件与资源、教学管理与质量保障、教学改革与成效、学生发展等 6 个一级指标，17 个二级指标，43 个主要观测点的评估指标体系，提供集评估规则、指标体系、技术标准、计算方法、实践操作规程于一体的本科专业评估系统化解决方案，突出方案的实践性和可复制性，初步形成了具有成都理工大学特色的专业办学质量标准和专业评估制度，进一步树立了"用自己的尺子量自己"的质量自觉，为专业优化调整与建设提供科学依据。

其次，优化质量监控闭环系统，将专业评估与教学基本状态数据采集、校内教学质量监控与保障体系建设有机结合起来，系统化推

进。建立教学运行状态数据平台，设计量化监测模型，以教师、学生、教学管理者的行为，物的状态，管理因素为监测对象，将专业评估与常规教学运行和监测数据深度融合，增强评估的客观性，确保评估信息采集的常态化、过程化和信息来源的多元化。通过信息平台逐步建立了专业评估与教学建设和改革的衔接机制，完善了质量监控与保障的闭环系统。

（三）简化评估程序，创新服务方式

一是依托信息技术和大数据，搭建本科专业评估系统，简化评估程序。充分运用"高等教育质量监测国家数据平台"数据，同时面向教学过程中学生、教师、管理人员三大主体的行为要素开展常态化数据采集，将评估任务解构融合到教学状态数据采集、日常教学管理、专项检查和督导等常规工作中，确保评估指标与教学运行和监控环节高度契合。以教学运行全流程中的客观数据、活动记录和反馈信息为评估依据，实行分布式动态监控，简化评估程序，避免突击集中式评估给教学单位和教师造成工作压力和重复工作量，减轻教学单位负担，提高专业评估效率。

二是注重数据挖掘，服务专业建设。改变"只重结果、一评了之"的做法，将评估工作重心聚焦评估数据挖掘、问题梳理分析与对策研究，使评估更好地服务于专业建设。依托教学运行状态数据平台及监测数据量化模型，深入挖掘评估数据，编制专业评估分析报告，从总体排名、分项指标得分、同类专业比较、改进方向等方面对专业建设情况进行深入分析，让"沉睡"的数据"说话"，指导各专业更好地进行改造与建设。

（四）实施动态调整，优化结构布局

健全专业预警、退出和动态调整机制，用好用足专业设置自主

权，实施专业"加减乘除"，实现专业结构优化。对行业和区域需求迫切的专业做"加法"，适时发展符合国家和地方战略性新兴产业需要的新兴专业，新增环境生态工程、智能科学与技术、新能源科学与工程等专业，补齐学校原有专业的短板，增强专业与地方经济的契合度。对综合办学实力偏弱、发展乏力或不能满足国家和地方经济建设和社会发展需求的专业做"减法"，通过专业评估，逐步合并、转化、关停部分专业，2019 年停止 7 个专业招生，限制 6 个专业招生。对优势特色专业做"乘法"，依托地球科学世界一流学科和省级一流学科建设项目，发挥资金投入和政策支持的"倍乘效应"，在地质、能源、环境科学等优势领域培育国家级一流专业建设点，在化工、材料、电子等领域培育省级一流专业建设点。对专业基础相同、基础平台相近的专业做"除法"，通过推进大类培养改革，做大"分母"，发挥教育资源集成优势，进一步优化专业结构。

三　专业供给侧结构性改革取得的成效

通过构建评估指标体系，研发教学运行数据采集平台及监测数据量化分析评价模型，有效解决了评估体系不健全、自主性和系统性不足、评估方法与手段单一、过程性评估无法体现、评估结果利用不充分、发展性评估不深入等问题。

1. 建立了本科专业评估系统，实现全域全程动态监控

成都理工大学本科专业评估系统具有以下特点。一是评估体系的系统性和指标设计的自主性。依据学校实际构建发展性目标明确的专业评估体系，专业评估指标与教学运行和监控环节高度契合，综合考虑利益相关者的多维视角和多样化价值判断，符合学校阶段性发展的自主需求。二是评估信息采集的常态化。依托信息技术和大数据，搭建本科专业评估系统，实现了评估数据采集、清洗、建模、分析、应

用、发布等功能的系统集成，确保常规教学运行与监测数据及专业评估深度融合。三是评估模式的分布式。该系统将评估任务解构融合到日常教学管理、专项检查和督导等常规工作中，实现专业评估与常规教学运行以及质量监控的深度融合，形成一个分布实施的动态监控系统，进一步增强了评估的客观性和科学性。

2. 形成了以评促建长效机制，完善内部质量保障体系

通过建立教学运行状态数据平台、自主设计量化监测模型，形成了"评估数据实时采集、教学过程常态监测、质量数据实时反馈、评估结果分类使用、专业预警动态调整"的专业评估与建设长效机制，完善了质量监控与保障闭环系统，全方位解决外部评估数据采集重复烦琐、评估时间受限、内涵说明冲突、结果运用单一的问题，通过数据平台实现了专业办学"放权"背景下的自我监控、自我评价、自我改进、自我提高、自我管理。

总之，专业结构优化调整有力地促进了学校专业内涵建设，为搭建一流本科教育和一流人才培养的"四梁八柱"奠定了坚实基础。一是促使各专业主动按照"人无我有、人有我优、人优我特"的原则，对接国家和区域经济社会发展需求，明确专业办学特色，牢固树立精品意识，倾力打造特色品牌。二是促进专业办学的自我约束，提高办学质量的自觉意识，为整合办学资源，提高专业核心竞争力提供了外部动力。三是促使各专业及时调整人才培养方案，定期更新教学大纲，适时修订专业教材，科学构建课程体系，有力地推进了学校一流本科教育，为"双一流"建设夯实了基础。

人才培养篇

行业特色高校打造一流本科教育的实践

程孝良

一流本科教育是"双一流"的重要基础和基本特征。作为一所以地质、能源、资源、环境为特色的行业特色"双一流"建设高校，成都理工大学以师资队伍、专业、课程和实践教学体系"四大建设"为抓手，推进一流本科教育内涵建设，持续提升人才培养质量。

一 发挥师资队伍建设的龙头作用

一流的师资队伍是培养高质量人才的前提，建设一支德才兼备、乐于教学、勤于教学、精于教学的师资队伍，是保证人才培养质量的关键。

学校实施"珠峰引才计划""珠峰攀登计划"，实现教师队伍从编制管理到合同管理，从身份管理到业绩管理，从行政管理到学术管理的转变。在合理扩大规模的同时，重点抓师资队伍的结构优化。一是质量并重，使人才队伍有足够的数量、合理的结构和较高的层次；二是引育并举，在重点引进学科带头人、学术骨干等高层次人才的同时，有计划地加强在职人员的进修提升，不断提高教师的学术水平和整体素质；三是团队为先，组建以学科带头人为核心、以学术骨干为支撑、以具有创新协作精神的学术梯队为基础的创新团队；四是处理好引进与培养使用、关键群体与基本群体、物质驱动与精神驱动、德才兼备与不拘一格等几层关系。2020—2022 年，通过"珠峰引才计划"，学校全职引进 271 人，其中 A 类人才 6 人，B 类人才 52 人，C1 类人才 34 人，C2 类人才 179 人。

二 突出专业建设的主线作用

专业是建设一流本科、培养一流人才的支柱，本科教育内涵发展的关键是做优做强本科专业。

学校把专业供给侧结构性改革作为提升本科教育质量的关键，以"标准化+信息化"为抓手，建立健全专业动态调整机制。围绕"控制规模、优化结构，强化内涵、提高质量，突出特色、打造一流"的目标，按照"广泛调研、分类指导，充分论证、分步实施"的方针，坚持"扶优扶特扶新"和"有所为，有所不为"的原则，将办学优势特色与社会需求相结合、学科建设和专业发展相结合，系统推进学校本科专业优化调整。在数量上，减少本科招生专业数量，除因社会急需、国家战略性产业调整等需新增的少量专业外，原则上只退不进、只减不增。在结构上，坚持"扶优扶特扶新、集群发展"的专业发展策略，在保持地球科学优势的基础上，根据国家和区域经济社会需求，适时申办符合国家和地方战略性新兴产业需要的新兴专业。同时，调整关停部分实力偏弱、发展乏力，不能满足经济社会发展需求的本科专业。在内涵上，促进各专业以国家标准为标尺，加强师资队伍建设、课程体系建设、教材建设、实践教学平台建设，牢固树立精品意识，倾力打造特色品牌，全面提升本科专业办学质量。通过专业供给侧结构性改革，本科专业由 2018 年的 98 个优化为 2021 年的 71 个，15 个本科专业入选国家一流本科专业建设点，10 个专业通过工程认证。

三　确保课程建设的基础作用

课程是建设一流本科教育的核心要素。一流本科教育要落实到一门门课程、一节节课当中。

学校深入推进"学科—专业—课程模块"和"课程模块—课程组—课程—教材"一体化建设。一是强化教学内容与课程体系改革。从制定人才培养方案入手，根据专业定位和人才培养目标，从对人才的知识、能力和素质的要求出发，进行课程建设与改革。在课程结构整体优化背景下，进行课程体系的调整、合并、重组。二是以一流课程建设为引导，以优质课程建设为目标，加大公共基础课和专业基础课建设力度，重点建设一批系列课程和综合课程。三是根据专业建设、课程建设、教学内容和课程体系改革的成果，出版富有学校特色的精品教材。四是加强课程的现代化、科学化、素质化建设。以教学方法的现代化为突破口，充分利用现代教育技术手段，深化教学方法和教学内容改革，加强教学建设，提高教学质量，开创现代化教学方法改革的新局面。2010 年以来，建成国家级课程 11 门，出版或再版《工程地质分析原理》《构造地质学》等特色教材 250 余部，其中国家规划教材 18 部。

四　强化实践教学体系建设的创新作用

实践教学是连接理论教学与实战操作，培养学生认知思辨能力、创新精神与实践能力的重要环节。

学校贯彻实践育人理念，以提升学生自主学习能力、创新与适应能力为目标，坚持以学生为主体、教师为主导，构建校内实验平台、校外实践基地及创新创业孵化基地"三大平台"，培养学生动手能力、实战能力及创新能力"三种能力"。大力推进实验教学示范中心、虚拟仿真实验教学中心、虚拟仿真实验教学项目建设，优化实验教学条件，完善实验教学平台。推进大学生校外实践教学基地建设，拓展校外实习空间。强化实验教学队伍建设，鼓励高水平教师承担实践教学任务。整合实验教学资源，推进实验室开放，打破学科专业壁垒，实现实验资源共享。建立质量跟踪评价机制，提升实践教学质量。2010年以来，建成国家实践教学平台13个，峨眉山、马角坝野外实习基地入选全国十大地质实习基地。

登攀铸魂 实践强能 多元协同

——新时代地学创新人才培养的改革与实践

龚　灏　刘清友　曾　英　倪师军

针对新时期经济社会发展对地学人才知识能力素质需求的变化，成都理工大学提出并实践了"通专结合，三提一塑"的地学人才培养理念，通过构建理想信念教育体系，以"登攀"精神坚定学生热爱地球、奉献地学的理想信念，贯彻实践育人理念，以精深的专业能力和实践创新能力培养提升学生就业核心竞争力，统筹学校内外资源，完善多元协同育人机制，打造地学创新人才培养生态，解决地学创新人才培养主体单一、要素分散的问题，以及毕业生"下得去、待得住、干得好"的问题，在行业特色高校产生了良好的引领和示范作用，为新时期地学创新人才培养改革提供了参考范例。

一　引言

成都理工大学是我国重要的地学本科人才培养基地，2017 年入选首批世界一流学科建设高校。立足全面建设社会主义现代化国家的时代背景，如何培养具有坚定理想信念和卓越创新能力的地学人才，服务行业高质量发展，是学校面临的重要课题。学校 2010 年获批立项四川省人才培养模式创新试验区项目"新时期地学创新人才培养模式试验区"，2011 年获批中国高等教育学会"十二五"教育科学规划课题"新时期地学创新人才培养的研究与实践"，2012 年学校教学工作会上确立了"通专结合，三提一塑"的创新人才培养理念。近年来，学校通过登攀铸魂、实践强能、多元协同三大举措，实施创新人才培养的探索与实践，培养具有"家国情怀、责任担当、人文素养、科学精神、国际视野、实践能力"的地学创新人才。

围绕新时期地学创新人才培养总目标，通过凝练"登攀"精神，弘扬地质报国，依托课堂教学、社会实践、媒介传播，打造具有地学特色的立德树人新样本，践行登攀铸魂；通过创新"三层次实践、三能力培养"创新能力培养体系，构建"全过程、自主化、互动式"实践教学模式，推动"1+3+N"和"五个三"工程实践创新进阶，强化实践强能；通过"学科、科研、教学、管理"多要素联动和"学校、企业、地方"多主体协同聚焦创新培育，深化多元协同。

经过十年改革与实践，学校创新人才培养实现了从重知识传授、轻价值引领到立志与精业并重的育人导向转变；从教师"独角戏"向师生"大合唱"的实践育人模式转变；从创新培育资源单一分散向多主体、多要素协同聚焦的育人机制转变。形成了学生"主动学习、深度实践、能力提升"有成效，"扎根西部、建功基层、报效国家"有行动，教师"潜心育人、悉心指导、寓研于教"有回应，学校"整合资源、搭建平台、多方支持"有落实的良好育人生态。地学创新人才数量和质量持续提高，毕业生中60%扎根西部基层地区和地矿油艰苦行业，产生了良好的引领和示范作用。

二　改革措施

（一）以"登攀"精神为引领，铸牢"地质报国"思想基础

学校从课堂教学、社会实践、媒介传播等多种渠道，推动新时期

"登攀"精神入心入脑，打造全链条浸润式育人环境。

紧抓课堂教学主战场。整合校友邬宗岳烈士"珠峰攀登者"精神，刘宝珺等院士"科学攀登者"精神，"三光荣""四特别"地质精神，"不甘人后，敢为人先"成理精神，多吉、王成善等院士扎根青藏高原的奉献精神，形成新时代"登攀"精神，凝练"地质报国"精神内核。丰富思政课程内容，将"登攀"精神融入思想政治理论课教学。首批开发以地学领域 60 位校友事迹为素材的校本思政课教学案例库，开设"登攀"精神系列思政课。做实课程思政，将"登攀"精神融入学校课程思政建设系列方案，与新华网签约共建课程思政教学研究中心，建成"构造地质实习"等 5 门省级课程思政示范课，在专业课教学中渗透"登攀"精神。创新课堂教学手段和方法，线上教学、线上线下混合式教学成效显著，形成了传统课堂、虚拟课堂、场馆课堂、田野课堂"四维"思政课堂。

夯实社会实践主阵地。推动理论知识学习、社会实践活动与强化理想信念相统一，促进内化和深度体验，实现知情意行合一。"青年红色筑梦之旅""西部计划""砚湖大讲堂""珠峰大讲坛""科技文化节""清明祭校友·传承永攀登""千山万村环保科普行动"等品牌活动每年覆盖学生 3.5 万名。通过价值引领、文化浸润、实践锤炼，培养学生扎根西部、投身行业、建功基层、甘于奉献、奋勇登攀的理想信念，锤炼学生勇于创新、攻坚克难的意志品质。

把握媒介传播主窗口。根据移动媒介在学生群体中的关注度和覆盖率等特点，创新"登攀"精神传播的内容与方式，牢牢抓住新时代网络"铸魂"话语权。建成集成化、立体式的媒介信息平台，学校在微信、微博、抖音等新媒介平台注册官方账号，搭建"青春成理""砚湖易办"等网络互动平台。截至 2022 年，全校有各级各类门户网站及互动平台 89 个，易班分站 32 个，微信平台 102 个，微博账号 234 个，关注人数达 30 万人。打造地学微思想、微人物、微实践、微活动、微服务"五微"网络内容体系，让"地质报国"的实现路径更直观、更可行、更接地气。

（二）以实践教学体系为抓手，强化专业能力和创新实践能力培养

贯彻实践育人理念，通过目标导向、需求对接、赛训一体优化实践教学过程，形成具有成都理工大学特质的创新人才培养实践案例。

目标导向，创新实践培养体系。以地学创新人才的综合素质和创新能力发展为目标，通过地质基础平台（校内地质标本室与峨眉山野外地质认识实习基地）—综合训练平台（校内专业训练实验室与马角坝生产实习基地）—创新实践平台（国家级和省部级重点实验室研究平台等）"三层次实践"，实现地质认知能力（在野外认识地层构造、矿物、岩石、古生物的能力）—地质规范工作能力（按行业规范完成地质调查等专业工作的能力）—创新实践能力（发现问题、解决问题的能力）"三能力培养"，构建了"三层次实践、三能力培养"的创新能力培养体系，实现学生创新能力的培养和提升。

需求对接，改革实践教学模式。构建全过程、自主化、互动式实践教学模式，全面提升学生实践和创新能力。精准对接不同层次学生对创新学习的差异化需求，以"地质+资源环保—地质+信息—地质+管理"为方向，融合大数据和人工智能等新技术、新手段、新方法，对本科专业内涵及课程内容进行改造升级。突破传统实践教学路径，形成集拓宽知识、培养能力、提高素质于一体的教学模式。构建师生学习共同体，坚持师生共创，充分发挥学生在实践教学过程中的主体作用，激发学生主动学习的积极性，培养学生自主学习的能力，推动学生的创造性学习。如 2011 年开始设立的地质工程创新班，按照"科研和教学有机融合，重视地质基础、重视力学基础，强化工程素养、强化实践和创新能力"的理念，创新课程、教法和评价方式，为

工程地质领域培养了大批创新人才。

赛训一体，推动实践创新进阶。构建了"1（国家级大学生创新创业训练计划）+3（地质技能大赛、'互联网+'大赛、'挑战杯'系列赛）+N（各级各类大学生创新创业赛事）"赛训一体化创新创业课程体系，全面实施创新创业"五个三"工程，即建设创新创业通识课、专项能力提升课、项目孵化促进课三大课程群落，打造全员化创新创业通识教育师资、校内创新创业实践导师、创新创业兼职导师三类师资队伍，创建院级创新创业实践共享平台、校级创新创业实践共享平台、校外实践平台三级实践平台，探索课程考核、项目评价、企业诊断三元评价体系，协同学校创新创业教育工作领导小组、创新创业专职管理队伍、校院两级创新创业促进会三支管理队伍，实现了以赛促教、以赛促学、以赛促创的实践育人目标。学校 2020—2022 届"互联网+"大赛参赛总人数超过 3 万人，是前三届总数的 4 倍；参赛项目超过 1 万项，是前三届参赛项目数总和的 5 倍；获得国家级及以上奖项 11 项（地质类高校最多）。截至 2022 年，学校创设的全国性赛事地质技能竞赛已连续举办五届，成为检验我国地学人才实践教学成效的最高舞台。

（三）以多元协同育人机制为保障，打造地学创新人才培养生态

多元协同是指专业、学科、教学、科研、管理多要素协同及校校、校企、校地多主体协同，旨在通过资源整合与要素重组，打破学科专业藩篱，汇聚校内校外资源，实现多要素、多主体协同，打造地学创新人才培养的良好生态。

构建多要素协同创新机制。一是专业与学科协同。以地质学、地质资源与地质工程一流学科为引领，形成沉积地质、构造地质、矿产地质、油气地质、工程及灾害地质、生态环境地质六个方向，构建了

理工融合、协同发展的地球科学学科群。坚持"地质+"战略，培育了"地质+新能源、新材料、智能制造、节能环保、先进信息技术"交叉学科群。以地球科学、天文学、空间科学等学科交叉为基础，在全国首创行星科学本科专业，设立全国首个行星科学英才班，按照"书院制、导师制、精英教育"的理念，培养深空探测领域创新人才，引发媒体和社会的广泛关注。二是教学与科研协同。坚持科教融合，开展科研成果进课堂、进教材、进实验室、进网络、进实践教学环节"五进"活动，将科研优势转化为育人和创新优势。如《工程地质分析原理》第四版加入"地质灾害隐患识别'三查'体系、监测预警"等处于国际"领跑"水平的新技术、新方法。实施本科生"科研训练计划"，2020—2022年，学校参与教师科研项目的本科生达1.5万余人次，地学专业69%的本科毕业设计（论文）来源于教师科研项目。三是管理要素协同。出台《成都理工大学本科交流生学籍管理和学分认定暂行办法》《成都理工大学本科生创新学分管理办法（试行）》《成都理工大学创新实验班管理办法（试行）》，为创新创业人才培养提供制度保障。学校出台《实验室开放管理办法》《大型仪器设备开放共享管理办法（试行）》等文件，建立大型设备开放共享平台，将仪器设备开放效果和用户评价作为大型仪器考核的重要指标，进一步促进了科研资源向教学资源的转化，强化了学生创新实践能力的培养。

搭建多主体协同创新平台。针对高校、科研院所、企业三大主要创新主体之间相互独立、力量分散、重复建设、效率低下的问题，学校以协同创新中心为载体，深化体制机制改革，突破高校与其他创新主体之间的壁垒，释放人才、资本、信息、技术等创新要素的活力。一是校校协同促知识创新。学校"地质灾害防控协同创新中心"每年组织成都理工大学、中国地质大学（武汉）、长安大学、同济大学四所核心层高校师生联合开办暑期学校，进行不同专业领域、不同教学风格、不同实践环境的学习和交流，不仅提高了学习积极性和主动性，而且对创新学习方法、开阔专业视野起到了重要的推动作用。地质学国家级实验教学中心优质教学资源面向国内院校开放，虚拟仿真实验中心面向全国在线开放。2020—2022 年，学校接待中国地质大学（武汉、北京）、吉林大学、西北大学、香港大学等 20 多所高校的师生来校开展联合组队实习，累计联合培养学生 60000 名。二是校企协同促实践创新。一方面，共筑企业实训基地，充分发挥学校学科技术资源优势与企业产业项目资源优势，促进人才培养与社会需求无缝对接；另一方面，共建一流创新平台，形成以需求为导向的创新要素汇聚机制。近年来，学校与中石油、中石化、国家电力等企业签署共建实习实训基地 820 个，学校科技园入驻关联孵化企业 52 家，立项教育部产学合作协同育人项目 81 项，位居地质类高校前列。三是校地协同促服务创新。争取近 10 亿元资金与成都市共建成都市自然博物馆（成都理工大学博物馆），与宜宾市合作建设成都理工大学宜宾校区，与成华区共建"环成都理工大学知识经济圈""文旅成华"等项目，广泛开展地质监测、地球科普、地学应用等领域的区域服务。

三 建设成效

（一）地学专业学生就业竞争力和创新能力显著增强

以"登攀"精神塑造学生热爱地球、奉献地学的理念，以精深的专业能力和实践创新能力培养提升学生就业核心竞争力，使地学专业毕业生在地学领域"下得去、待得住、干得好"。在全球经济特别是地矿油煤业遭遇"寒冬"的背景下，地学专业毕业生就业率始终保持在 93% 以上。毕业生中有 60% 扎根西部基层地区和地矿油艰苦行业，为祖国的建设贡献了青春和智慧。据不完全统计，在我国地质、矿产、石油勘探队伍中近 50% 的技术骨干，全国核工业地质勘查队伍中近 30% 的技术专家和负责人都是成都理工大学毕业生；2017 年第三方机构通过用人单位对学校毕业生分析和解决问题的能力、创新与实践能力、思想道德素质与文化素养等指标进行了评价，274 家用人单位的反馈结果表明，综合评价优良率达到 98.47%；2019 届毕业生就业满意度比全国同类院校高 8 个百分点，毕业生就业满意度连续三届呈上升趋势。涌现出全军优秀共产党员、"全国脱贫攻坚奖贡献奖"获得者布哈，川藏铁路建设核心骨干人员——中国中铁二院工程集团有限责任公司王栋，为西部超高层地勘工作做出显著贡献的中国建筑西南勘察设计研究院有限公司杨致远，跨国重大公路交通建设标杆人才——中交第一公路勘察设计研究院有限公司吴臻林等一批品学兼优的学子，他们为基础设施建设、资源勘探等国家重大工程做出了突出贡献，已成为所在单位的中流砥柱。

2020—2022 年，学校地学专业本科生发表学术论文 385 篇，获专利授权 179 个。首届地质工程创新实验班 29 名本科毕业生发表核心期刊论文 13 篇，在各级科技竞赛中 54 人次获得省部级及以上奖项；在 2020—2022 年的"互联网+"大赛中，学校共获得国家级银奖 3 项、铜奖 17 项，省级金奖 51 项、银奖 77 项、铜奖 75 项，国家级获奖数在全国地质类高校中排名第一，省级金奖数量在四川省排名第一。涌现出"'沙地牧歌'——牧区治沙复绿助力生态建设""'号脉山川'——智能滑坡监测预警技术"等一大批地学类国家级创新项目。学校 2017 年入选国家深化创新创业教育改革示范高校，2018 年入选全国创新创业典型经验高校。在已举办的五届全国大学生地质技能竞赛中，共获得团体一等奖 2 项、二等奖 3 项、三等奖 1 项，单项特等奖 2 项、一等奖 9 项、二等奖 9 项、三等奖 14 项，竞赛综合成绩始终位居全国 50 多所地学类高校前列。

（二）辐射带动学校非地学专业的人才培养模式改革，成效显著

通过地学创新人才培养，辐射带动全校各专业人才培养质量的普遍提高。将地学专业创新人才培养的理念和实践的成功经验推广应用到全校非地学专业，如登攀铸魂、"三层次实践、三能力培养"实践教学体系，以及以竞赛调动学习积极性促进教学效果提升等，推动了非地学专业的教育教学改革与发展，社会美誉度持续提升，影响力不断加大。学校进入一本招生以后，各专业录取线持续上升，特别是2018年所有专业进入一本招生以后，成都校区理工科录取线在省属高校中排名第一，人文社科专业位居第三。学校15个专业入选国家级一流本科专业建设点，23个专业入选省级一流本科专业建设点。在大学毕业生就业形势日渐严峻的背景下，全校毕业生就业率始终保持在90%以上，学校入选全国毕业生就业典型经验高校50强。

（三）能复制、可推广的成都理工大学实践引起强烈反响

学校先后在中国大学教学论坛、全国地学高等教育校长论坛等全国性教育教学改革论坛上做专题报告20余次。学校创新人才培养改革成效得到首轮"双一流"建设成效评价专家组的高度肯定："学校积极进行人才培养改革，围绕一流学科设立新兴交叉本科专业，重视学生实践能力培养，构建了大地学实践教学体系和实践教学基地。学校积极服务国家重大战略需求，组织力量在勘探、地质灾害防治等领域进行科研攻关，为国家建设做出重要贡献。学校培养的毕业生在西部地区和本行业就业比例达到60%。学科建设目标达成度较高。""1+3+N"赛训一体化实践培育模式得到教育部的肯定和推广。2012年学校入选全国就业典型经验高校。教育部副部长高度肯定了学校提高人才培养质量，增强就业竞争力、提高就业质量的有关做法，认为可研究推广。改革吸引了英国牛津布鲁克斯大学、爱丁堡大学，日本岩手大学，我国西安石油大学、西南科技大学、湖南科技大学、中国矿业大学、天津科技大学、西南石油大学、西安科技大学、长沙理工大学、西安理工大学、桂林理工大学、天津工业大学等境内外160余

所高校前来调研学习。

（四）改革的引领示范作用引发社会广泛关注

先后获批中国高等教育学会"十二五"规划课题等国家和省部级项目12项，获国家级和省部级奖励75项，发表教改论文85篇，其中CSSCI收录18篇。教育部网站、《中国教育报》、《中国矿业报》、新华网等媒体报道100余篇次。2017—2019年《中国教育报》分别以《成都理工大学：扎根中国西部大地 建社会主义一流大学》《成都理工大学：回归教育初心 培养一流本科人才》《成都理工大学：汇聚"攀登者"建设"双一流"》为题连续大篇幅报道学校人才培养改革经验和做法。学校按照"一制三化"理念在全国开设第一个行星科学英才班，培养行星科学本科人才，受到《科技日报》《四川日报》《成都商报》等媒体的持续报道。2019年专业供给侧结构性改革成果"统筹布局 放管结合 以评促建——成都理工大学专业供给侧结构性改革成效"入选四川省教育改革典型案例。2020年四川省教育厅、教育部简报先后刊登题为《成都理工大学以专业供给侧改革为抓手提升本科教育质量》的文章，介绍学校本科专业优化调整做法。

四 结语

成都理工大学主动适应新技术、新产业、新职业等新常态，凝练"登攀"精神，通过"一化两课三育"，打造全方位浸润式育人体系，强化学生扎根西部、投身行业、建功基层的理想信念，筑实"下得去、待得住、干得好"的思想基础，形成了尊重地学学生成长成才规律、涵育社会主义核心价值观、落实立德树人根本任务的成都理工大学样本。贯彻实践育人理念，精准挖掘实践教学促进地学专业学生知识深化、能力锻造、创新激发等不同环节的着力点，构建"三层次实践、三能力培养"实践教学体系，通过目标导向、需求对接、赛训一体优化实践教学过程，实现了由知识本位向能力本位转变，形成了具有成都理工大学特质的创新人才培养实践案例。主动融入社会，推动教育链、人才链与产业链、创新链融合发展，政产学研用协同推进多主体育人环境建构，多学科协同夯实创新育人学科基础，科教协同推动科研成果向教学资源和教学成果转化，管理协同凝聚创新人才培养合力。通过统筹学校内外资源，打造了创新人才培育的成都理工大学生态，形成了地学创新人才培养的成都理工大学方案，引领了新时期地学创新人才培养。

新时代地学创新人才培养：理念、模式与策略

程孝良　曹俊兴

当前，地学创新人才培养存在培养理念不清晰，培养主体单一、要素分散，优质教育资源聚焦人才培养协同性不足等问题。根据科技经济时代国家和行业重大战略对地学人才知识能力素质的新要求，应坚持通专结合的地学人才培养理念，推进本硕博贯通培养、多学科交叉融合和多主体联合协作等人才培养模式创新。通过创新人才培养模式和教学模式，营造有利于创新人才成长的环境；通过重构实践教学体系，提升地学人才实践创新能力；通过多主体协同，拓展地学创新人才培养路径。

一　引言

习近平总书记在党的二十大报告中明确指出："教育是国之大计、党之大计。培养什么人、怎样培养人、为谁培养人是教育的根本问题。""坚持为党育人、为国育才，全面提高人才自主培养质量，着力造就拔尖创新人才，聚天下英才而用之。"在国家推进"双一流"建设的战略指导下，如何培养拔尖创新人才已成为我国高校关注的焦点与首要任务。这里的"创新人才"不是标准一致的、统一的创新人

才，而是不同类型的创新人才，是具有特色的创新人才。当前，世界新科技革命和产业变革的浪潮正奔腾而至，互联网、人工智能等新技术的发展不但重塑了教育形态，改变了知识获取方式和传授方式，也引发了国土资源行业对创新人才需求的重大变化。如何围绕国家战略和行业需求，总结经验，反思问题，培养适应新时代需求的"上手快、后劲足"的地学创新人才，成为我国地质类行业特色高校迫切需要思考并解决的问题。

二　新时代地学创新人才培养现状与存在的问题

（一）地学创新人才培养现状

1. 地学人才培养理念与模式

为适应国民经济恢复和发展需要，自 1952 年起，我国建立了一批地质类行业特色高校，培养了一批能够在社会经济发展中适应时代需要的地学专门人才。专才虽然满足了经济发展的需要，却存在知识面较窄、技能单一、人文素质薄弱等问题，难以满足社会变革的需要，通识教育成为专业教育纠偏的重要教育思想。由于历史文化、经济发展水平、教育层次以及社会需求的差异，不同国家关于本科教育的思想及价值理念不同，使得培养目标也存在差异。例如，美国、日本等国家的本科高校主要集中培养通才，而中国因受苏联教育思想的影响，更多地追求专才的培养。在经济社会快速发展过程中，市场经济需求与利益主体的多元性促使高校培养多样性人才，高校人才培养目标定位由"专门人才"向"复合型应用型人才"转变，培养具有较高素质且知识全面的人才以满足社会的需求。

科学技术发展促使边缘学科以及大量的交叉学科在高校凸显，交叉研究成为新时代的代名词，原本细化的学科之间的界限逐渐模糊，学科不断走向综合化、交融化，从而为创新提供思路与源泉，同时间接地提高了高校人才培养的层次与要求。当今任何一个国家的教育体制都是该国政治、经济、传统文化与外来文化相结合的历史产物，中国的高等教育体制也不例外。我国高等教育体制的变迁除了遵循大学的内在逻辑，还要适应所面临的社会环境。专业教育与通识教育是高校在培养人才过程中出现的既对立又统一的教育两极，它们在特定的历史时期适应了当时的社会需求。2009 年教育部启动实施系列卓越计划和基础学科拔尖学生培养试验计划，2019 年进一步实施"六卓越一拔尖"计划 2.0，主动应对第四次工业革命，着眼"新工科"，提出对工科的新要求。由此可见，无论是科学技术更新、产业经济发展需要，还是高等教育自身改革的需要，地学人才培养理念和模式都亟须改革。

2. 地学人才培养标准与路径

爱因斯坦曾说，教育不是要记住各种事实，而是要训练大脑如何思考。高等教育改革不是简单构建一个培养模式和修订完善培养方案能解决的，而是一个复杂庞大的系统，需要深入探索动力机制和行动路径。

哈佛大学的 Tony Wagner 教授在调研了大量创新者后提出，从教育的角度看，创新者需要具备以下四条素质：好奇心、团队合作能力、跨界能力、快速行动和动手能力。Olin 工学院创校校长 R. Miller 强调创新人才培养的五个思维，即跨学科思维、动手思维、企业家思维、伦理道德思维和全球思维，以及培养人才的九条标准，即理解和应用知识、批判性思维、创造力、自学习潜能、不作恶、设计思维、高效交流、合作能力、个人和职业认知。美国权威的工程教育认证委员会在 2000 年修改了工科人才标准（ABET 11 条）。Olin 9 条和 ABET 11 条的最大区别在于对发现问题、设计思维能力的侧重度。近几年，华为也建立了一套适应自身行业领域的"四级五类"专业人才标准，一级是执行性人才，二级及以上才达到开创性人才标准。传统工程教育标准的 ABET 11 条与华为的一级人才标准类似，Olin 9 条则更像华为的二级及以上人才标准，包括提出和定义问题能力、分析和解决问题能力、生活技能、职业操守。

综上，现有研究成果主要聚焦于地学人才培养的现状与问题、地学人才培养理念与模式、地学人才培养标准与路径三个方面。一是分析地学人才培养的现状与问题。研究发现，地质类行业特色高校与行业的结合度在弱化，特色优势在退化，人才培养同质化，呈现出明显的人才结构断层，结构性失衡现象日趋显著。二是分析地学创新人才的内涵、特征与培养策略。研究主要涉及地学创新人才培养的定位、目标和路径，但地学创新人才的独特内涵和特征很少涉及，分析不透彻，人才培养具体路径也较模糊。三是从管理学视角出发，分析地学创新人才培养的组织保障和制度创新。尝试寻求地学创新人才培养的根本保障和有效机制，但与世界科技和产业革命的宏观形势及行业发展变迁的需求结合不够，对体制机制的创新研究还不够充分，还未能总结出一套行之有效的措施。

总之，学者对地学创新人才培养进行了较多的实践探索，但在如何理解地学创新人才的内涵、培养模式和培养路径，如何从机制上保障地学创新人才培养等方面还未形成可操作、可推广的典型模式。

（二）地学创新人才培养存在的主要问题

近年来，我国高校在地学创新人才培养方面加快了改革步伐，但仍然存在以下突出问题。

第一，部分地学毕业生扎根西部地矿油核一线意愿不浓，下不去、留不住，报效祖国的主动担当不足。我国西部能源资源富集、矿产资源丰富，是突破资源瓶颈的战略根据地、生态安全的屏障，是解决我国发展不平衡不充分问题、实现"两个一百年"奋斗目标和中华民族伟大复兴的关键。"西部大开发""一带一路""三深一土"等国家重大战略与倡议和经济社会发展需要大批能扎根资源能源一线的地学创新人才。与此同时，资源能源勘探、开采等地质工作一线面临艰苦的工作条件、恶劣的自然环境、匮乏的物质生活、繁重的地质考察任务，地质工作者常年野外作业、风餐露宿，经常在荒无人烟的沙漠戈壁、崇山峻岭工作，有时甚至要冒着生命危险才能完成工作，没有铁一般的意志和正确的价值观很难坚守，因此部分地学毕业生到西部、到一线工作的意愿不浓。培养满足国家重大战略和经济社会发展重大新需求的地学创新人才，是地质教育改革必须解决的问题。

第二，传统人才培养体系单一地将专才或通才作为目标，无法满足经济社会发展的需要。突出表现为地学毕业生解决西部复杂地质问题的实践能力不强，干不好，创新潜力不足。在人才培养目标上，存在着专才与通才不协调的问题。人才按知识结构可分为"｜"型、"—"型和"T"型三类。"｜"型有精深的专业知识，"—"型有广博的知识面，"T"型是既有精深专业知识又有广博知识面的通专结合型人才。传统地学教育培养"｜"型人才，现代通识教育培养"—"型人才，两者都难以适应经济社会与时代发展的需要。

第三，地学创新人才培养主体单一、要素分散，校内外优势资源聚焦人才培养协同性不足。从大学组织理念来看，领导与教师对学科专业由分立转向交叉融合的认识还需进一步深化。交叉学科、交叉专业的设立与新兴交叉学科专业的培育，还有很多工作需要落实。从院系结构来看，因社会分工精细化而产生的传统院系设置，成为学科专业间天然的壁垒，导致人财物等资源整合困难，阻碍了学科专业交叉融合发展。从组织制度设计来看，符合学科专业交叉融合的组织制度体系尚不健全，尤其是相关配套制度及实施细则还不完善。这使得跨学科跨专业教与学的动力不足，对人才培养质量造成了严重影响，地学学科专业建设也面临严峻挑战。

上述问题既涉及地学人才培养理念问题，也涉及课程体系、实践教学、教学方式方法等实践操作层面的问题。地质类行业特色高校有责任革故鼎新，回答培养什么样的地学人才、如何培养适应新时代发展需要的地学人才等问题。

三 新时代地学创新人才培养理念

创新人才是新知识的创造者、新思想的启蒙者、新技术的发明者和新产业的开拓者。近年来，随着全球科技创新进入空前密集活跃时期，世界经济进入了以科技资源为关键要素，以现代信息网络为主要载体，以现代信息技术融合应用、全要素数字化转型为重要推动力，促进公平与效率更加统一的科技经济时代。这就要求我国高等教育加快供给侧结构性改革，为科技经济时代培养通专结合的"T"型人才。这既是国家战略和经济社会发展的需要，也是学生个人成长成才的需要。

从经济社会发展来看，科技经济是既精细分工又紧密合作的经济。精细分工意味着高度的专业化、专门化，要求从业人员熟练掌握精深的专业技能；紧密合作意味着要通晓经济社会运行规则与人类社会发展规律等诸多方面的知识，这就要求从业人员具备相当水准的通识知识和能力，从汽车制造到手机生产，莫不如此。因此，现代科技经济发展需要大量通专结合的"T"型人才。

从个人发展来看，只有熟练掌握精深专业技能的人，才能为社会经济发展做出创造性的贡献，并在这一过程中实现自我价值，成为人才。进入21世纪以来，科技发展日新月异，越是高精尖的行业，技术升级、产品迭代的节奏越快，从业人员被淘汰得越快，在这种背景下，人才要持续地体现自我价值，就必须具备通专结合的专业融通及行业转换适应能力，这是人的发展需要。

通专结合地学人才培养新体系以"公民责任、人文情怀，专业能力、科学思维"为目标，由通识性公民素质与理工类学科基础教育、地学专业教育、质效控制三大模块和一个专业融通辅助模块组成。"专"指的是传统地学专业之知识技能。"通"包括三个层次：地学各专业地质基础知识和思维方法的融通；数学、物理、化学、天文、地理、生物、计算机等学科知识和地学专业的融通；人文社科和自然科学的融通。公民责任教育以思想品德和社会主义核心价值观教育为核心；人文情怀以文史哲知识境界与科学精神培养为核心。专业能力包括两个核心要素：专业知识（理论）与专业技能（实践）。精湛的专业能力培养是科学思维能力与专业融通能力养成的基础。专业融通教育在科学素养教育与专业教育融合中实现。

四 地学创新人才培养的典型模式

钱学森曾说："现在中国没有完全发展起来，一个重要原因是没有一所大学能够按照培养科学技术发明创造人才的模式去办学，没有自己独特、创新的东西，老是'冒'不出杰出人才。"① 从创新人才培养的实施主体、培养过程和课程体系等维度分析，可采取贯通培养、学科交叉和联合协同等模式培养地学创新人才。

（一）过程之维：贯通培养模式

所谓贯通培养模式，就是通过构建"直通式"教育创新平台，将高年级本科生和硕士研究生、博士研究生教育阶段贯通，实行"2+X+X"准研究生培养模式，培养创新人才。准研究生培养模式是指以具有扎实基础的高年级本科生为对象，借鉴研究生导师制，采取提前介入式的教育培养模式，按照研究生教育标准，制定本科最后两年的

① 汪长明，王晓华. 中小学校长治校漫话：由"钱学森之问"引发的思考 [J]. 兵团教育学院学报，2013，23（3）：68-71.

学习计划，通过打通本硕博课程体系，开设各类创新实践能力强化班，开展创新实践、科技竞赛、科研训练、项目实训及创业活动等，培养具有创新实践能力的高水平创新人才的一种人才培养模式。准研究生培养模式通过让学生接触和了解学科前沿知识来激发学术敏感性和创造冲动，对学生获取新知识和形成技术创新主动性具有非常积极的促进作用。贯通培养模式能保证部分优秀学生从本科直接进入硕士研究生、博士研究生阶段学习，有利于改变本科生、硕士研究生与博士研究生阶段各自为政、相互孤立发展的状况，促进各层次学生的学术交流、思想碰撞，激发创新思维和努力拼搏、敢于探索的勇气，提高学生的创新意识和组织、交流等综合能力。

（二）内容之维：学科交叉模式

学科交叉模式是一种通过多个学科联合，协同培养工程复合与交叉创新人才的人才培养模式。时代需要那些富有创造力的创新人才。创新思维和创造力来源于对基础理论中本质问题的融会贯通，克服学科内分割过细、知识零散，学科间互相封闭、互相割裂的弊端，从本质上把握各学科之间的内在联系，强调文理渗透、基础与专业结合，体现知识的广博性、整体性、内在结构性及智能化的发展方向。通过学科交叉，实现不同学科门类间的知识融合，帮助学生达到开阔专业视野、强化专业综合素质、提升创新能力的目的，这正是学科交叉培养模式的主要目标和核心理念。学科交叉培养不是在专业的基础上再单纯地去修读另外一个专业，而是通过学科交叉学习，达到学科间知识的融合。交叉学习是手段，知识复合才是根本目的。当前，我国众多跨学科专业的设置，为有兴趣进行多学科、跨学科学习的学生提供了现实的可能，也为培养部分具有特殊潜质的人才创造了条件。

通过多学科交叉渗透，破除学科壁垒，催生新的学科增长点。探索自动化、人工智能、大数据等技术手段在地学、环境、能源等传统优势学科中的融合应用。按照"地质+信息""地质+环保"的思路，不断挖掘学科纵深发展之路。以服务国家战略或区域发展，打造一系列专业集群。面向重大工程建设中亟须解决的地质工程问题和极端气候及强震引发的地质灾害问题，组建工程建设与环境保护专业集群。面向"双碳"背景，围绕山水林田湖草沙治理，突出矿山复垦与生态重建、生态修复、环境污染治理、土地整治等重点领域，组建生态环保专业集群。

（三）主体之维：联合协同模式

联合协同模式是指在创新人才培养过程中，高校发挥主导作用，通过联合协作，整合内外部资源，实现资源共享、优势互补，进行创新人才培养的模式。常见的有高校内部院系之间、国内高校之间、国内高校与国外高校之间、高校与企事业单位之间联合培养等形式。高校内部院系联合培养是指高校通过整合内部教育资源，实现学术资源的优化配置，按照导师负责、团队指导、群体攻关、资源共享的原则培养创新人才，完全不同于"传统手工作坊师傅带徒弟"的培养方式，有利于改变单一的知识结构。国内高校间联合培养是指两所或多所高校组成教育联盟，让选拔出来的学生互相交流，享受对方的特色优势教育资源，接受不同教学文化的熏陶。国内高校与国外高校联合培养是将选拔出来的学生送到国外高校学习或就地由外教授课使其形成开放的国际视野、开阔的学术视野、国际水准的研究开发能力。高校与企事业单位联合培养是指学生经过在学校的基本理论学习后，用一年左右的时间到与学校有产学研合作的企事业单位参与实际项目研究工作，积累必要的经验并锻炼开发能力，旨在培养产学研紧密衔接的工程开发与创业型人才，其核心思想是学校主导、企业资助、导师参与、联合管理。

在新时代地学创新人才培养过程中，针对育人主体条块分割、沟通不畅的问题，成都理工大学以校政企会多主体协同育人为路径，通过学校主动、政府联动、行业企业支持、地质学会联络，建立产、学、研、创、赛、用"六位一体"协同育人模式，以"2011协同创新中心+现代产业学院+地质技能竞赛"为创新实践平台，使科教融合和产教融合实体化、常态化、规范化，增强学生工程实践与创新能力。针对育人要素分散、资源零碎的问题，建立跨学校、跨学科、跨专业、跨业界协同育人机制，以拔尖人才为点，设"创新班+英才班+实验班"，实施本硕博一体化培养；以学科交叉为线，依理促工，依文强工，设"地学+人工智能""地学+经济"等模块化课程，培养学生交叉融合、跨界整合能力；以校际联合为面，创建跨学科、跨学校与跨地区师生研学中心，以及虚拟教研室，打造师生创新共同体。

五 地学创新人才培养的策略

培养地学创新人才，需要创新人才培养模式和教学模式，重构实践教学体系，坚持多元协同。

（一）创新人才培养模式和教学模式，营造创新人才培养环境

第一，人才培养模式创新。针对不同专业的特点，实施差异化人才培养模式。通过工学交替模式，促使学生知识、能力和品格的协调发展；通过基地实训模式，拓宽学生专业知识面，增强实践动手能力；通过订单培养模式，实现行业人才需求与学校人才培养的有效对接；通过项目主导模式，强化学生创业创新意识培养，依托科研项目培养学生的科研能力。以多样化的人才培养模式促进个性化创新人才培养，满足地矿行业和地方经济社会发展对地学人才的需求。

第二，教学模式创新。长期以来，我国传统的、刻板的教学模式

压抑了学生的创造性，单调的教学方式使大学成为一个缺乏批判性、灵气和创造性的"堡垒"。培养地学创新人才，要推进教学指导思想从重知轻行向知行合一转变、教学组织从以教师为主导向以学生为中心转变、教学重点从知识传授向能力培养转变、教学方式从以课堂讲授为主向以理论指导的实践为主转变、教学内容从面面俱到向精深融通转变、教学条件建设从专门支撑向综合支持转变"六转变"，创新课堂教学方法，构建讲授式教学、案例式教学和探究式教学三结合的教学形式。讲授式教学重在夯实学生的理论功底，案例式教学重在提高学生解决实际问题的能力，探究式教学重在培养学生的创新精神和研究能力。重视和鼓励学生用自己的方式分析和处理问题，实行"以人为本"的差别化教育，使教学成为一种开放的、互动的、弹性的学术交流活动，真正使学生成为教育活动的主体。教师在教学和指导过程中，要力求使课程学习与技能交流相融合、课程学习与课题研究相结合、个体研究与学术协作相结合，多方位、多角度、多层面地培养学生的创新能力、实践能力、探索能力和攻关能力。

（二）重构实践教学体系，提升实践创新能力

重构实践教学体系，通过目标导向、需求对接、赛训一体优化实践教学过程，提升地学人才实践创新能力。

第一，目标导向，创新实践培养体系。以综合素质和创新能力发展为目标，构建"三层次实践、三能力培养"的创新能力培养体系。通过地质标本室、峨眉山野外地质认识实习基地等地质基础平台，培养对地层构造、矿物岩石、古生物等的地质认知能力；通过专业训练实验室、马角坝生产实习基地等综合训练平台，培养按行业规范完成地质调查等专业工作的地质规范工作能力；通过国家和省部级重点实验室研究平台、科研项目等组成的创新实践平台，培养发现问题和解决问题的创新实践能力。

第二，需求对接，改革实践教学模式。构建全过程、自主化、互动式实践教学模式，全面提升学生的实践和创新能力。精准对接不同层次学生对创新学习的差异化需求，从课程体系、课程内容、课程要求等要素入手，将创新融入实验实训全过程；通过学生自主学习线上线下课程实验、自主钻研科研实践、自主研发非标准设备，形成集拓宽知识、培养能力、提高素质于一体的自主化实践教学方式；推进互动式教学方法，充分发挥学生的主体作用，通过师生互动、生生互动，培养学生乐学、敢闯、会创的自主意识和创新能力。如成都理工大学设立的地质工程创新班，通过理论讲授与实验验证相交叉、自由探索与实践创新相融合、线上交流与线下讨论相结合，采用考试、论文、研讨、报告等过程性学业评价，创新课程、教法和考核方式，为工程地质领域培养了大批创新人才。

第三，赛训一体，推动实践创新进阶。构建"1+3+N"赛训一体化创新创业课程体系，以国家级大学生创新创业训练计划为基础，以"互联网+"大赛、"挑战杯"系列赛、地质技能大赛为引领，以各级各类大学生创新创业赛事为驱动，全面实施"五个三"工程，建设三大课程群落，打造三类师资队伍，创建三级实践平台，探索三元评价体系，协同三支管理队伍，实现以赛促教、以赛促学、以赛促创的实践育人目标。

（三）坚持多元协同，拓展地学创新人才培养路径

通过统筹学校内外资源，集聚地学创新人才培养合力，完善上下联动、协同培养的育人机制。

第一，专业协同促进知识融合。贯彻"四新"（新工科、新文科、新农科、新医科）建设理念，实施"地质+"微专业计划，根据地学专业定位，重整基础理论课程架构，厘清课程边界，重新编写教材、教案，打破传统地学专业之间相对封闭的教育教学体系。专业间通过

相互交叉融合，形成专业集群，拓宽学生的专业视野。

第二，学科交叉推动科教融通。坚持"地质+"，形成沉积地质、构造地质、矿产地质、油气地质、工程与灾害地质、生态环境地质、数字地质七个特色方向。培育"地质+新能源/新材料/智能制造/节能环保/先进信息技术"等交叉复合学科群，夯实创新育人的学科基础。实施科研平台开放计划，推进科研进课堂、名师进讲堂、学生进项目、成果进教材"四进"工程，促进知识更新，将科研优势转化为教学、育人和创新优势。

第三，校际协同实现资源共享。按照"资源共享、专业对接、课程互选、基地共建"的运行机制，充分依托大数据、云技术，通过共建在线课程、虚拟教研室、虚拟实验室等，合力打造高校智慧型人才培养共同体，为高校师生提供全方位、多元化的服务。

第四，校企协同强化产教融合。组建现代产业学院，与行业企业签订战略合作协议，聘请产业教授共建课程、共同指导学生论文，在学生实习实训、科研联合攻关、师资培养培训等方面深入开展合作。

第五，校所协同提升创新能力。组建产业技术研究院，建立"学科对接，人才互聘，成果共享，技术共用"的运行机制，实现人才互聘互用、实践教学与科研平台共享、科技合作，增强学生的创新能力。

六　结语

当今时代国际竞争日趋白热化，各国间的竞争说到底是人才竞争，国力竞争和抢占未来发展先机的焦点不断向人才聚集，向拔尖创新人才聚集。加快培养拔尖创新人才，已成为世界各国在激烈的国际竞争中赢得主动的共同战略选择。面向新时代"西部大开发"等国家战略，针对地学毕业生扎根西部地矿油核一线意愿不浓，下不去、留不住，报效祖国的主动担当不足，解决西部复杂地质问题的实践能力不强，干不好，创新潜力不足，地学创新人才培养主体单一、要素分散，校内外优势资源聚焦人才培养协同性不足等现实问题，地矿油核等行业类"双一流"建设高校必须勇立时代潮头，敢于肩负使命，确立科学的人才培养质量观，理性定位人才培养目标，开展人才培养模式的系统化改革，建立起与科技强国相适应的拔尖创新人才体系。

拔尖创新人才培养：理念、模式与策略

程孝良

党的二十大报告指出："必须坚持科技是第一生产力、人才是第一资源、创新是第一动力。"人才是创新的第一资源，创新驱动本质上是人才驱动。要加快发展新质生产力，就应以人才培养理念及高等教育体系之"新"，促进人才培养质量之"质"，为新质生产力提供强有力的"拔尖创新人才"保障。这里的"拔尖创新人才"，不是指特定类型、标准统一的某类人才，而是不同类型、不同行业的拔尖创新人才。在需求端，世界新一轮科技革命和产业变革的浪潮正席卷全球，互联网、人工智能等新技术的发展不但重塑了教育形态，改变了知识获取方式和传授方式，也引发了经济社会发展对创新人才需求的重大变化；在供给端，我国高校培养拔尖创新人才的能力不足，拔尖创新人才呈现出明显的结构断层现象。当前，世界百年未有之大变局正加速演进，国际局势错综复杂，培养一大批拔尖创新人才日益成为关系产业经济安全乃至民族复兴的重要事业。

拔尖创新人才具有时空的异质性。拔尖创新人才培养是以天赋和才能为前提的教育，其出发点在于承认自然禀赋的差异。因此，拔尖创新人才培养是特殊的高水平教育，不能与优质的普通教育混淆。具体而言，拔尖创新人才培养有三个层面的内涵。一是关于拔尖创新人才的教育。在高等教育普及化带来"量"的扩张基础上，按"质"的变化特征，根据大学生身心潜质发展的需要，对志向高远、基础扎实、热衷科研的英才、天才，甚至奇才、偏才、怪才实施英才教育，目的是让具有较高天赋和潜质的学生尽早尽快成才，促使他们成长为社会各行各业所需要的引领者。二是为了拔尖创新人才的教育。着眼于国家战略需求和经济社会发展需要，以培养心怀"国之大者"，为国分忧、为国解难、为国尽责，立志成为堪当民族复兴重任的时代新人为目标，为中国式现代化造就适应新时代知识创新和高科技发展要求的政治、经济、文化、科技等领域的领军人物，而不是培养新时期欧美发达国家高等教育"留学预科生"。三是作为拔尖创新人才的教育。拔尖创新人才培养受到多元主体逻辑的影响和形塑，其中政府、高校、市场和学生等作为关键的利益相关者，分别代表国家逻辑、知识逻辑、经济逻辑及个体逻辑，构建由政府、市场、专业教师、导师、思政教师、学工处、后勤服务团队、科研团队以及高年级学长和硕博士研究生等利益相关者共同组成的育人共同体，开展个性化、精准性学业指导，协同培养拔尖创新人才。

当前，培养多元化拔尖创新人才，要敢于打破"圈养""富养"的固定模式，探索人才培养的创新模式。从拔尖创新人才培养的实施主体、培养过程、教学内容和能力培养等维度分析，可采取联合培养、贯通培养、学科交叉和项目驱动等模式培养拔尖创新人才。一是联合培养模式。就是以人才培养主体为视角，在课程教学、教材建设、论文选题、基地建设、导师制度等方面，实现国内高校之间，国内高校与国外高校之间，高校与企（事）业单位、科研院所等培养主体之间联合协同的一种培养模式。二是贯通培养模式。就是通过构建"直通式"教育创新平台，将高年级本科生教育阶段与硕士、博士教育阶段贯通，实行"2+X+X"准研究生培养模式，培养拔尖创新人才。三是学科交叉模式。就是按照新工科、新文科、新医科、新农科的理念，多个学科联合，合作培养复合与交叉型创新人才。通过学科交叉，实现学科门类间的知识融合，达到开阔学生专业视野、强化专业综合素质、提升创新能力的目的。四是项目驱动模式。就是以国家重大工程中的复杂工程实践能力培养为导向，以课程体系及培养方案为载体，构建校企融合、互动的动态化人才培养机制，培养解决复杂工程问题的卓越工程技术人才。

有鉴于此，高校应构建适宜拔尖创新人才成长的生态，为其提供制度保障。

第一，推进"四大创新"，完善创新制度保障。一是教学管理模式创新。实行完全学分制、选课制，为学生提供自主学习、自主发展的平台。实施导师制，加强教师对学生的科研指导，培养学生的创新能力。完善创新教育激励与保障制度，为学生提供创新平台，积极引导学生尽早进入科研实验室和项目组，接受科学研究的锻炼和学术氛围的熏陶，培养学生的创新精神和创新能力。二是人才培养方案创新。拔尖创新人才都是个性鲜明、自主性强的人才，因此，人才培养方案要尊重学生的个性发展需要，突出多层次、多元化人才培养目标要求。培养拔尖创新人才不能简单粗暴地通过一味叠加课程增加学生的学习量来实现，而应在课程"适量"的基础上，突出其创新性、高阶性和挑战性。因此，课程体系要确立个性化、弹性化、模块化的原则，课程类型、课程内容、课程要求等要为学生个性发展留下空间。三是教学模式创新。培养拔尖创新人才，必须改革封闭式、单向度、灌输式教学模式，采用项目式教学、专题研讨式教学和问题探究式教学等开放式、师生共创型教学模式，多方位、多角度、多层面地培养学生的创新能力、实践能力、探索能力、攻关能力和求真能力。四是教学评价制度创新。在教学评价上，变单一的闭卷考试为闭卷考试与完成论文、实验报告或社会调查相结合的形式，注重学生的分析能力和对问题的阐述过程，而不仅仅是答案的准确性。

第二，实施"四大建设"，搭建一流教学资源平台。一是发挥师资队伍的龙头作用。推进教师队伍从编制管理到合同管理，从身份管理到业绩管理，从行政管理到学术管理。坚持质量并重、引育并举，在重点引进学科带头人、学术骨干等高层次人才的同时，有计划地加强在职人员的进修提升，不断提高教师的学术水平和整体素质。处理好引进与培养使用、关键群体与基本群体、物质驱动与精神驱动、德才兼备与不拘一格的关系。二是突出专业建设的主线作用。把专业供给侧结构性改革作为提升本科教育质量的关键，将办学优势特色与社会需求相结合、学科建设和专业发展相结合，系统推进学校本科专业优化调整。坚持"扶优扶特扶新、集群发展"的专业发展策略，根据国家和区域经济社会需求，适时开办符合国家和地方战略性新兴产业需要的新兴专业，同时调整关停不能满足经济社会发展需求的本科专业。三是确保课程建设的基础作用。深入推进"学科—专业—课程—教材"一体化建设，根据专业定位和人才培养目标，从对人才的知识、能力和素质的要求出发，进行课程建设与改革。以教学方法的现代化为突破口，充分利用现代教育技术手段，深化教学方法和教学内容改革。根据专业建设、课程建设、教学内容和课程体系改革的成果，出版富有特色的精品教材。四是强化实践教学的创新作用。贯彻实践育人理念，以提升学生自主学习能力、创新与适应能力为目标，坚持以学生为主体、教师为主导，构建校内实验平台、校外实践基地及创新创业孵化基地"三大平台"，培养学生动手能力、实战能力及创新能力"三种能力"，整合优质教学资源，推进高水平实验平台开放，打破学科专业壁垒，实现实践教学资源共建共享共用。

新时代地质精神融入地质高校人才培养路径研究

鲁欣雨　周　菲

新时代地质精神是中国精神在地质行业的具体表现，是地质行业的"根"和"魂"。新时代赋予了地质精神新的内涵，即以地质报国的爱国奉献精神、以地质强国的开拓创新精神、以地质兴国的艰苦奋斗精神。地质高校"因地而生、因地而兴、因地而强"，要将新时代地质精神作为地质高校人才培养的核心内容，做好地质人才培养主阵地工作。当前，新时代地质精神融入地质高校人才培养过程中存在培养主体重视不够、培养内容挖掘不深、培养环境浸润不强、培养机制建设不全等问题。解决以上问题，要从讲好新时代地质故事、构建多维课程体系、优化地学文化环境、完善人才培养机制等方面着力，促进新时代地质精神融入地质高校人才培养，以实现进一步高质量发展。

地质行业是国民经济发展不可缺少的基础和先导行业，关系国家资源勘探和开发，为国家发展提供了丰富的矿产资源和能源。这些资源是国家经济发展的重要支撑，是工业、农业、建筑等各个领域必要的原材料和资源保障。新时代地质精神是中国精神和社会主义核心价值观在地质行业的集中体现，是在党的领导下中国地质人实践沉淀的精神品质。培育和发展新时代地质精神是地质行业实现高质量可持续发展的核心任务。地质高校要做好地质人才培养的主阵地工作，传承和弘扬新时代地质精神，扎根中国，办好中国地质教育，走出一条建设中国特色、世界一流地质高校的新路径。

一　新时代地质精神的内涵

新时代地质精神是地质工作者精神风貌的集中体现，是中国精神在地质行业的具体表现，是社会主义核心价值观在地质这一特殊行业的具体化。习近平总书记指出："矿产资源是经济社会发展的重要物质基础，矿产资源勘查开发事关国计民生和国家安全。希望同志们大力弘扬爱国奉献、开拓创新、艰苦奋斗的优良传统，积极践行绿色发展理念，加大勘查力度，加强科技攻关，在新一轮找矿突破战略行动中发挥更大作用，为保障国家能源资源安全、为全面建设社会主义现代化国家作出新贡献，奋力书写'英雄地质队'新篇章。"[①] 以习近平总书记的表述为基础，本文将新时代地质精神总结为以地质报国的爱国奉献精神、以地质强国的开拓创新精神和以地质兴国的艰苦奋斗精神。

（一）以地质报国的爱国奉献精神

地质工作者的爱国奉献精神，是指地质人为了中华民族伟大复兴这个共同目标而奋斗，为把中国建设成为地质强国而努力的精神品质。当前我国的战略计划是在 10 年内实现"中国制造 2035"的转型目标，力争由工业大国成功转型为工业强国。地质人将浓浓的爱国情

---

① 习近平给山东省地矿局第六地质大队全体地质工作者的回信 [J]. 山东干部函授大学学报（理论学习），2022（10）：1.

怀转化为奉献报国的实际行动，"国家哪里需要就去服务哪里"[1]，勘查稀缺矿种，按计划开发国家矿产资源，发展矿业高科技技术，让科技为地质产业赋能。

在新中国成立初期，地质工作者在技术和物质条件相对落后的情况下，努力勘察地质和矿产资源，为国家的资源支撑和发展做出贡献。在那个时代，地质人甚至以生命换取宝贵的勘探数据和矿产资源。他们始终牢记自己的责任，为新中国建设、国民经济体系恢复、能源原材料供应体系建立、经济社会发展提供基础地质资料，在工农业发展、人民生命财产安全保障等方面发挥了巨大作用。

在新时代，地质精神中的爱国奉献精神被赋予了新的内涵。当前，我国物质和科技水平高速发展，我国社会主要矛盾为人民日益增长的美好生活需要和不平衡不充分的发展之间的矛盾。地质人将满腔的爱国情怀转化为报国志和报国行。地质工作者充分发扬爱国奉献精神，在边远地区或条件艰苦的岗位上为国奉献，肩负起使地质工作更加紧密地与国民经济和社会发展相结合，更加主动地为经济与社会发展服务[2]的时代重任，为实现从地质大国向地质强国的飞跃而努力奋斗。

（二）　以地质强国的开拓创新精神

地质工作者的开拓创新精神是指他们在完成各项任务时所展现的积极主动运用现代科学技术攻坚克难，不断探索和创新的精神品质。地质工作是各项建设工作的基础，没有地质工作提供的基础材料、勘探数据等，其他建设工作将无法进行。因此，地质工作者要具备开拓创新的精神，以推动各类建设工作的顺利进行。地质工作者在各项工

---

① 韦磊. 论20世纪50至70年代的地质精神 [J]. 学理论，2012（1）：77-78.

② 刘强. 百年地学路 几代开山人：中国地学先驱者之精神及贡献 [M]. 北京：科学出版社，2015.

作的最前线为各类建设奠定坚实基础。他们不仅提供基本材料和数据，还不断创新地质相关的理论、实践和制度。在新时代，地质工作者更加注重创新地质科技，以推动地质行业的高速高质发展。数代地质人坚持开拓创新精神，不懈努力，铸就了地质事业的辉煌成果。

在新中国成立初期，我国人口众多、经济基础薄弱，为了进行大规模的经济建设，需要地质行业作为重要基础支撑。地质工作不仅是资源的基础、环境的基础，更是工程的基础。在建设时期，面临的各类任务繁重且艰巨，地质工作作为各类建设的先行行业，更是重中之重。地质工作者充分发扬开拓创新的先锋队精神，勇担国家赋予的历史重任，在实践中不断克服重重困难，创新地质的各项制度、各类地质勘探技术以及勘探工具，更是在特殊时期创新地质人才培养方式，采取"三边"办法，即"边做、边教、边学"的"带徒弟"的办法培养人才。

在新时代，地质工作者秉持开拓创新精神，以习近平新时代中国特色社会主义思想为指导，将科技创新作为引领自然资源工作的核心动力。他们通过强化顶层设计和协同创新，确保科技发展与国家地质战略需求紧密契合。加强顶层设计和协同创新，强化深地探测、深海极地探测、深空对地观测"三深引领"攻关，统筹推进科技研发、科技平台、科技人才、科技合作"四维支撑"布局，重点推进耕地保护与能源资源保障、国土空间规划、生态保护修复、灾害监测防治、调查监测与智能化测绘技术"五系协同"建设①。地质工作者深刻认识到科技创新在自然资源事业中的基础性和战略性支撑作用，通过持续努力，推动核心技术攻关，完善业务技术体系，优化战略科技力量，提高创新效能，在自然资源科技创新中取得显著成果，有效地推动了中国地质行业高质量发展并实现绿色生态转型。

---

① 王少勇. 科技创新赋能自然资源事业高质量发展［N］. 中国自然资源报，2023-01-06（7）.

（三） 以地质兴国的艰苦奋斗精神

地质工作者的艰苦奋斗精神，是指他们面对地质工作的分散性、流动性和艰苦性所展现出的不畏艰险、战胜困难、为国家建设贡献智慧的精神。在险峻山脉、茫茫戈壁中穿梭，还要面对恶劣的天气和野生动植物的威胁，地质工作者展现出了顽强的意志和不屈的毅力。各类野外工作要求他们具备高度的体力和耐力，同时要应对自然环境的各种挑战。地质工作者的艰苦奋斗精神，是一种不屈不挠的拼搏态度，是在极端环境和困难面前坚持科学研究、推动事业发展的鲜明品格。这种精神不仅体现在他们对科学的贡献上，还体现在为社会可持续发展提供可靠支持上。

新中国成立初期，地质工作者以艰苦奋斗的精神为国家建设事业做出巨大贡献。他们在荒凉的高原戈壁和深山老林找矿勘探，虽然生活条件艰苦，工作充满危险，但他们能够发挥艰苦奋斗的精神，克服各种困难。地质队流动性大，面临各种难题，如职工户口、粮食供应、子女教育等，但地质人始终坚守艰苦奋斗的精神，没有条件就创造条件，没有技术就攻克技术，为寻找和探明国土资源不辞劳苦。在落后的科技和生产条件下，他们不断创新和突破，用科学方法解决资源探测和开发中的问题。

在新时代，地质工作者的生活、工作和技术环境得到显著改善，但他们依然保持着艰苦奋斗的精神。当前，我国地质技术和勘探面临技术难题和壁垒，地质工作者在艰苦环境中不懈努力，攻克了一个又一个国际难题。"踏破铁鞋行千里，叩敲大地绘新图"是地质工作者的真实写照。地质工作者之所以能够保持并发扬这种艰苦奋斗的精神，根本原因在于他们明确地质工作的意义——为国家建设、为人民幸福而奋斗，为中国由地质大国向地质强国转变而奋斗。

二 新时代地质精神融入地质高校人才培养的必要性

（一）新时代地质精神融入地质高校人才培养是建设地质强国的客观要求

一方面，这是新时代地质精神的教育功能决定的。新时代地质精神与社会主义核心价值观有共同的价值取向，是社会主义核心价值观在地质行业的映射。将新时代地质精神融入地质高校人才培养，可以增强地质高校大学生的社会主义核心价值观培养的现实性和实效性。此外，新时代地质精神不仅激发地质专业人才树立远大的理想信念，勇攀科研之巅，也促使他们服务于国家大局。这种精神强调爱国奉献、开拓创新、艰苦奋斗，推动专业人才在科研、教育和应用实践中追求卓越。新时代地质精神为地质专业人才提供了强大的内在动力，促进了地质学科的进步和人才队伍的壮大。通过这种精神的持续培养和推广，地质学科能更有效地满足国家战略需求，提升地质行业的整体实力与国际竞争力。

另一方面，将新时代地质精神融入地质高校的人才培养过程，有助于推动人才成为支撑行业发展的"四梁八柱"。地质行业在推动中国的绿色发展战略中扮演着核心角色。在中国经济与社会快速发展，以及城镇化水平显著提升的背景下，高效且环保的资源管理已成为构建美丽中国的关键任务。因此，地质高校的人才培养策略应发生根本性转变，以适应新时代的要求。拓展地质理论研究的深度与广度是当务之急。强化地质学科的理论基础，可以更好地支撑国家的战略发展需求，特别是在资源勘探、环境保护和灾害预防等领域。同时，高等地质教育不应仅限于传授传统的科学知识和技能。通过融合新时代地质精神，地质高校可以更全面地"育才"与"育人"，确保毕业生不仅具备高水平的专业技能，更具有为社会和环境负责的意识和能力。

地质人才的培养质量直接关系到地质强国的构建和持续发展。高校在人才培养过程中，应重视将新时代地质精神与教育实践紧密结合，培养能够支撑行业发展的关键人才，即所谓的"四梁八柱"。这不仅是对学术领域的要求，更是对国家战略层面的重要支撑。

（二）新时代地质精神融入地质高校人才培养是传承地质文化的时代要求

高等地质教育肩负着培养优秀地质人才的重要责任与使命。新时代地质精神所强调的价值追求为地质文化的形成提供了坚实基础，其包括对地球资源的科学开发、对环境保护的责任担当以及对社会可持续发展的追求。通过传承价值追求，促使大学生形成对社会责任和使命任务的深刻认识，在未来的地质实践中成长为建设地质强国的坚实人才储备。进一步研究新时代地质精神的内涵、核心理念、价值取向及时代价值，深入了解地质人背后的故事，树立地质英雄榜样，有助于增强大学生的行业责任感和文化认同感，逐步改变公众对地质工作的刻板印象。新时代地质精神要求地质人坚守"为国家找矿"的初心，永葆"艰苦奋斗"本色，积极参与国家战略，服务于中国式现代化，为保障资源安全、促进可持续发展贡献智慧和力量。从传统的找矿工作到如今的"上天、入地、下海、探极"，地质行业不仅继承和发扬了伟大精神，更在时代的洪流中勇于创新，为中国地质事业注入了新的活力和内涵。

三 新时代地质精神融入地质高校人才培养存在的主要问题

在新时代，努力使我国从"地质大国走向地质强国"已成为我国地质界的奋斗目标和心愿。新时代地质高校是地质人才培养的主阵地，为实现"地质强国"提供高质量人才支撑。然而我国地质高校人才培养仍存在着一些问题，严重制约了地质人才的高质量培养。

（一）培养主体重视不够

地质高校教师是人才培养的主体，是新时代地质精神融入地质高校人才培养的关键。现实中许多教育者在人才培养过程中更侧重于知识的传授，对于新时代地质精神与专业教学的融合重视程度不够。培育新时代地质精神不仅是专业知识教育的重要补充，也是培养具有社会责任感和创新能力地质人才的基石。党的二十大报告指出，"培养什么人、怎样培养人、为谁培养人是教育的根本问题"。教师不仅要重视对学生的知识传授，更要重视价值的引领、品德的培养和精神的凝练。作为传道者，教师首先要"明道、信道"才能"传道、行道"。对于地质高校教师而言，"明道、信道"也包括对地质精神的深刻理解、深切认同和坚定信仰。唯有如此，才能将对地质精神的体悟融入育人初心，转化为教师的行动自觉。此外，部分教师缺乏将新时代地质精神有效整合到教育教学过程中的方法和技巧。这种现象部分源于当前的教育评价体系和职业发展机制，这些机制往往更多地奖励学术成就和科研产出，而非"以学生发展为中心"的教学质量成效。这在一定程度上抑制了教师将新时代地质精神融入教育教学的热情。因此，提高地质高校教师对新时代地质精神的认知、提升教师将新时代地质精神融入专业教学的能力显得尤为迫切。

（二）培养内容挖掘不深

地质高校在培养地质专业人才时，对于新时代地质精神的内涵挖掘尚不深刻，同时，在将新时代地质精神融入思想政治理论课、地质学专业课程以及专业课外实践活动等方面也相对薄弱。当前部分地质高校的教育方案主要聚焦于地质学科知识和技能的培训，而将新时代地质精神教育放在次要位置。这种分离的教育模式导致学生难以全面理解新时代地质精神的深层含义及在地质工作中的应用，如对国家资源开发责任、绿色环保意识和开拓创新精神理解不深。地质高校往往缺乏系统化、标准化的地质精神教材和案例库，这使得教师在进行新时代地质精神教育时难以找到恰当的教学材料和方法。缺乏针对地质专业特色的思政教育资源，导致教师难以发挥创新教学的潜力。在具体教学实施过程中，即使部分新时代地质精神元素被纳入课程，也常因方式生硬或处理过于简单未能达到预期的教育效果。这种情况不仅可能削弱学生对专业学习的兴趣，还可能导致学生对新时代地质精神的误解或片面理解，从而未能有效地培养学生的地质职业精神和社会责任感。

（三）培养环境浸润不强

当前，地质高校在培养环境的文化浸润方面面临着一些挑战。尽管校园文化建设包括学校建筑、教学和生活基础设施、雕塑、绿化景观及学校标识等多个方面[1]，但这些元素往往缺乏地质特色，未能充分体现新时代地质精神和地质文化。这种文化与地质教育的脱节，限制了校园文化对学生的影响力和渗透度。更为关键的是，地质高校在校园文化建设中常常面临物质载体与文化内涵不匹配的问题。例如，尽管大学校园景观是传播文化的重要载体，理应发挥对学生潜移默化的影响，但目前这一作用尚未得到充分发挥。此外，地质相关竞赛和活动多集中于对专业知识或技能的理解和表达，而缺乏与新时代地质精神的深度融合。这不仅限制了学生对地质精神的全面理解，也降低了他们的参与度。同时，地质高校的校园文化活动，如宣讲会和报告会，常常形式单一且缺少互动和趣味性，导致学生积极性不高，甚至产生抵触情绪。这些问题共同影响了地质高校文化浸润的渗透力和教

---

① 山宏蕊.大庆精神融入石油高校校园文化建设研究［D］.大庆：东北石油大学，2022.

育的整体效果。

（四） 培养机制建设不全

地质高校在新时代地质精神培养机制上存在不足，如激励机制不全面、协同机制尚未形成、评价机制不完善等。从激励机制来看，新时代地质精神在人才培养体系中的地位不明确，是否纳入综合素质评价体系也不明确。从协同机制来看，在培育过程中，学校、社会、家庭等各方尚未形成合力，资源整合和衔接存在不足。同时，地质相关企业与地质高校在协同培养大学生新时代地质精神方面也有进一步提升的空间。从评价机制来看，当前的评价体系可能过于侧重学生的学术成绩和技能掌握，而没有足够重视新时代地质精神的传承和践行。同时，评价机制缺乏对学生全面素质的考量，特别是对面对复杂问题时的创新能力、团队合作精神以及职业责任感等方面的评估不到位，使得学生对新时代地质精神的理解和应用变得表面化。这些问题影响了新时代地质精神在人才培养中的融入效果，挫伤了学生学习新时代地质精神的积极性。目前，高校对新时代地质精神培养效果的评价结果重视不足，导致师生关注度不高。

四　弘扬新时代地质精神加强地质高校人才培养的路径

（一） 讲好新时代地质故事，以理想信念引领培养方向

弘扬新时代地质精神，关键要在提高新时代地质精神的传承和教育效果上下功夫。新时代地质精神主要体现在典型人物和先进事例上。地质高校应充分利用地质行业丰富的历史文化资源，精选典型进行总结和宣传。这包括研究地质行业发展中的革命历史人物，如李四

光和何长工等，强调他们所展现的精神品质与行为。同时，应关注现实中的典型事例，及时总结和宣传在地质单位中做出突出贡献的人物和事迹，展示他们的精神风貌。通过研究和传播这些人物和事迹，地质高校可以更有效地传承新时代地质精神，使师生更深切地感受到新时代地质精神的熏陶。

习近平总书记强调，要做到"人民有信仰，民族有希望，国家有力量"①。青年是国家建设的主力军，是理想信念教育的重要对象。通过宣传学习历史地质优秀典型人物以及现实先进地质人物和地质事迹，地质高校可以筑牢学生的理想信念，特别是"以献身地质事业为荣"②的信念。青年地质人正处于价值观和理想信念、理论观点的形成阶段。在这一过程中，认识理论观点的过程即确立过程。因此，地质高校需要将新时代地质精神贯穿学生理想信念树立阶段的全过程，引导他们树立为国家添力、为地质强国做贡献的远大理想。

（二）构建多维课程体系，以三全育人夯实培养根基

一是将新时代地质精神融入思想政治教育理论课。新时代地质精神是中国精神的宝贵财富，是地质行业文化的重要标志，激励地质工作者为国家建设和科技创新贡献力量，是中国精神在现代化进程中的生动体现。思想政治理论课是大学生思想政治教育的主渠道和主阵地，在培养学生的思想觉悟、政治认同、法治意识等方面发挥着重要的作用。因此，地质高校在人才培养过程中应重视新时代地质精神，将其融入思想政治理论课的教学内容和教学全过程。让当代大学生理解和感悟地质先辈是如何勘探祖国的大好河山和世界屋脊的，怀揣家国情怀，以报国志为引领，默默奋斗在高山密林间。地质先辈视国家

---

① 习近平．人民有信仰民族有希望国家有力量［J］．党建，2015（4）：1.
② 温家宝同志致信中国地质科学院院士和全体科技人员，勉励大家要为提高地质科学技术水平而努力［J］．地球学报，2016，37（5）：517-518.

和集体利益为至高，勇攀高峰，创造中国地质发展奇迹。

二是打造"地质+思政"的大思政课的理论教学体系。新时代地质精神融入地质专业课程思政是中华优秀精神文化育人的特色，更是地质教育特有的价值导向。基于地质类课程建设与开展，要坚持立德树人原则，避免形成课程思政与专业课教育"两张皮"的观念，地质类专业课程思政要紧密结合地质课程内容的各阶段和不同要素，实现新时代地质精神与地质类专业课深度融合的教育过程。具体而言，新时代地质精神与地质专业课程思政结合，需将新时代地质精神价值与专业知识、实操能力融合。在学习地质知识和实操技能时，回顾和理解地质人的优良作风和行业精神，形成全方位课程思政教育规律。让学生领悟新时代地质精神，自觉担负行业责任和使命，积极发扬和践行新时代地质精神。

三是将新时代地质精神融入课外地质实习实践。课外实习实践可以让学生亲身体验自然地质环境，了解地质理论的实际应用，感悟前辈的艰难挑战。这种体验可激发学生对新时代地质精神的感悟，增强对地质事业的自信和敬意，培养实际操作能力和社会责任感。课外地质实习具有实践性、感染性和体验感强等特点。学生在实践中验证课堂理论，深切感受和理解新时代地质精神，见证地质地形和地球演化史。这种感官体验使学生更积极学习，增强对新时代地质精神的体验，在这个过程中"受教育者对思想政治教育的亲和力"也会极大增强[1]。教师可利用实地体验，结合历史人物和地质学发展历程，生动有趣地教学。通过宣传讲授和真实体验的结合，加深学生情感互动，引导学生树立为建设地质强国做贡献的理想，激发学生的爱国情怀，使其积极投身地质行业，"到祖国最需要的地方"建设美丽中国。

---

[1] 祁利祺，宁孜，霍云霏，等．将"石油精神"融入野外地质实习课程中的思考 [J]．大学，2022（14）：161-164.

（三）优化地学文化环境，以文化浸润提升培养质效

在新时代地质精神的引领下，地质高校的教育必须将这一精神与学生的校园学习、日常生活和社会实践紧密结合，从而提升思想教育的效果并实现预定教育目标。首先，高校应以校园文化的塑造为起点，将新时代地质精神的核心价值观融入校园环境。通过安置主题雕塑、举办地质成就展览，以及在校园标识和基础设施中体现地质特色，反映新时代地质精神和地质科学的进步。进一步地，高校应定期举办"新时代地质精神教育周"活动，通过系列讲座、互动活动和展览来展示地质工作者的贡献与精神风貌，以此加深学生对地质精神的理解，并激发他们对专业的热情。这种教育方式与传统的理论知识教育方式有所不同，更加强调在受教育者学习生活中氛围的营造和环境的渲染。通过情境教育和实践体验，这种教育方式强调在日常环境中营造适宜的氛围，使学生在校园生活和社会实践中不断体验和实践新时代地质精神，进而深化他们对地质学和相关精神价值的理解。

相比以往单主体（即以高校为人才培养的完全发力者）的教育机制，校企合作的模式无疑对人才素质的培养具有更充分的驱动力。地质相关企业可提供实际项目操作经验和与行业精英接触的机会，这不仅使学生理解地质工作的社会价值和职业道德，还丰富了学习资源并激发了职业热情。这种合作模式也强化了新时代地质精神的实践与理论结合，助力学生专业能力和精神追求的全面发展。

以成都理工大学为例，校园内的砚湖，图书馆前的地质雕像，由地球、恐龙、地层和书本等组成的校徽，恐龙地质自然博物馆，地质行业优秀校友讲座，地质人塑像，以及随处可见的具有地质特色的地标设计，都很好地映射出了新时代地质精神。学校通过春风化雨的方式，潜移默化地熏陶了学生的地质之情，增强了学生对于地质行业的热爱和归属感。校史校情知识竞赛、本校退休教授或院士及优秀地质

校友讲坛等活动的开展，使学生在活动中感受新时代地质精神的魅力，感受地质人的精神气质和先进经典事迹。这些活动使学生在近距离互动参与中得到切身体验，从而将新时代地质精神内化于心、外化于行，增强学生的新时代地质精神素养。

（四）完善人才培养机制，以条件保障确保培养实效

2021 年 4 月 19 日，习近平总书记在清华大学考察时指出："要想国家之所想、急国家之所急、应国家之所需，抓住全面提高人才培养能力这个重点，坚持把立德树人作为根本任务，着力培养担当民族复兴大任的时代新人。"① 地质高校应积极响应这一号召，加快完善新时代地质精神培育机制，构建以新时代地质精神为核心的人才培养评价体系。具体而言，地质高校应建立以新时代地质精神为内涵的人才培养评价机制，注重在大学生日常生活及期末评价中融入新时代地质精神的相关内容，通过制度保障培养学生的爱国奉献、开拓创新、艰苦奋斗精神。此外，地质高校可以设立与新时代地质精神相关的奖学金，激励大学生积极参与志愿服务活动、地质实习实践活动、地质相关比赛竞赛、地质相关讲座宣讲会等，使新时代地质精神内化于心、外化于行。同时，地质高校要重视提升地质培养合力，加强校企联合培养，促进国内外地质人才交流与合作。在培养过程中，应充分利用校友资源，邀请优秀校友返校举办讲座，帮助大学生明确未来个人职业规划，树立个人理想和目标。此外，地质高校还可以联合相关地质企业，采用"双讲师"模式，由学校教师负责理论知识讲授，企业选派优秀地质工作者分享地质实践知识及新时代地质精神感悟，从而深化学生对新时代地质精神的理解，培养应用型人才。

---

① 习近平在清华大学考察时强调 坚持中国特色世界一流大学建设目标方向 为服务国家富强民族复兴人民幸福贡献力量［J］. 思想政治工作研究，2021（5）：14-16.

大学教学文化的内涵、功能及培育路径

胡芹龙　程孝良

教育的本质是文化育人，加强大学教学文化建设是提高高等教育质量、建设高等教育强国的必然选择。大学教学文化具有崇真尚实、自由民主、与时俱进、追求卓越、兼容并包的精神内涵。实践中应以实现人的全面发展为大学教学文化的逻辑起点，凝练教学文化的核心元素，建立校园文化标识系统，丰富第二课堂活动，树立先进典型，发挥大学教学文化培育和教化、陶冶和塑造、凝聚和激励等多重功能，发挥教学文化的育人功能，切实提高高等教育质量。

教育的本质是文化育人，社会靠文化的传承而延续，靠文化的创新而发展。大学之光在于文化的积淀、精神的传承和学脉的延续。精神文化传承、创造、生产和传播最富活力的高校，理应在认识文化地位上高度自觉，在把握文化规律上高度自信，在文化责任担当上高度自强，努力提升教学文化品质，为国家文化、民族文化的创新、丰富和发展勇担责任，勇做贡献。然而，目前大学教学文化建设还没有得到应有的重视，文化育人的功能还未能有效彰显，亟待改进。

一 大学教学文化的内涵

（一）大学教学文化的基本释义

教学文化是指师生在教学活动中形成的教学传统、思维方式、价值观念、行为习惯及精神气象和氛围的总和，包括校园建筑、教学设施、人文景观等呈现的物态文化，广大师生的教学思想及对大学精神、校训的认同感体现出的精神文化，各种考核奖惩规章彰显的制度文化，以及师生的礼仪交往、体态举止等反映的行为文化。从教学目标指向而言，大学教学文化至少有三个层面：最高层面是"仰望星空"的理想境界，即对人类社会未来发展的思考；中间层面是对民族和国家未来发展的关注；最基本的层面是教学活动本身的素养，如育人为本、塑造人的高尚品格、实现人的全面发展等①。

（二）大学教学文化的基本元素

大学之大，在于精神之立。大学教学的精神文化，是一所大学教学理念展示、教学思路决策、教学规则行动和文化创新的核心凝结，是大学师生精神品格和道德素质的综合反映，是大学文化气质和文化内涵的体现。

1. 崇真尚实的科学精神

"真"指真谛、真理、真知、真相，"崇真"就是要探索真理，为发现真理、传播真理、实现真理而奋斗，为敢于实现真理而献身。"实"指扎实、务实、讲实话、办实事、名副其实、循名责实。"崇真尚实"的科学精神要求师生在教与学的过程中，要执着、刻苦，追求

① 葛孝亿. 教师精神生态论的理论旨趣与学术意蕴 [J]. 现代教育管理，2012（3）：84-88.

卓越和真理，坚决反对弄虚作假和急功近利。为此，在高校教学工作中应重点加强对大学生学位论文规范性、真实性的要求。高校学位论文的根本目的在于提高学生理论分析能力、科学计算能力、实验研究能力、外文阅读能力、使用计算机能力，以及社会调查、文献资料查阅等基本技能。然而，在一些高校，学位论文抄袭、造假等不良风气盛行，一些高校由于管理不严或担心损害学校形象和教育主管部门的声誉，对公开学术造假视而不见甚至包庇，导致学术造假行为愈演愈烈。那么，应该如何避免学位论文造假呢？笔者以为应该从源头上抓起，实施学位论文"实物工作量"审查制度。对文科学生，检查调查问卷、阅读笔记等；对工科专业学生，检查野外工作记录；对化学等理科专业学生，检查实验记录，甚至复检实验。通过学位论文实物工作量审查，有效杜绝剽窃等学术不端行为。

2. 自由独立的民主精神

"独立之精神、自由之思想"是陈寅恪先生提出的知识分子的学术精神和价值取向。没有自由的思想，就不会有独立的精神；没有独立的精神，也不可能去自由地思想。西南联大之所以能在那样艰苦的条件下培养出多位杰出人才，正得益于学者们对自由独立精神的坚守。然而，近年来我国教育产业化进程中的一些失范行为和错误导向，异化了教育与经济、政治、社会的关系。谋取经济社会利益逐渐成为个别知识分子追求的重要目标，物质的诱惑使得一些知识分子自由独立的精神和传统渐淡渐消，其本该拥有的卓越的眼光和豪迈的胸襟逐渐被世故虚荣所取代。当前，坚持独立思索和自由探究的精神不仅有利于学者对教学规律的探求和教学质量标准的坚守，也有利于我们对形形色色的世风流俗、纷繁躁动的干扰羁绊保持必要的警惕。

3. 与时俱进的创新精神

高等教育对中国未来的发展承担着前所未有的责任，大学是一个特别的地方，它需要产生思想、面向未来、超越当下，一所大学如果不能产生思想，没有超越性和批判精神，就在相当程度上丧失了其存在的意义。对于自然科学来说，最高水平的创新就是创新知识；对于工程技术学科来说，最高水平的创新就是创造新的方法；对于社会科学来说，最高水平的创新就是创新思想、创新文化。大学教学文化的创新就是要在教师和学生中培养好奇心，培养批判精神，对一切现成的理论和结论敢于提出怀疑和挑战，并善于通过思维和实验，实现理论创新和方法创新，激发创新意识，进而培养学生的批判性思维、系统解决问题的能力、知识整合与创新的能力和沟通交流的能力。与此同时，还要在教学管理者中推行制度创新，以保障教学及教研方面的学术创新。

4. 追求卓越的进取精神

对教学而言，卓越的本质就是高质量，其实质是一种敢言人所不敢言、敢为人所不敢为的进取精神。"卓"即不群，"越"即不循常规、不落窠臼，就是要保持争创一流的勇气和信心。作为一种教育理念，追求卓越不会因高等教育毛入学率的增加而改变。在高等教育大众化阶段，以至未来的普及化阶段，仍然需要倡导并践行追求卓越的教育理念。高等教育大众化并不是导致教育质量下降的根本原因，我国大学教育不应受高等教育划分阶段的误导而放弃追求卓越的教育传统。一些大学以扩招后的"大众高等教育"与扩招前的"精英高等教育"有别的论点回应社会舆论对其教育质量滑坡的诘难，实际上缺乏理论依据。大众化背景下的高等教育仍应坚守追求卓越的教育理念，坚守质量定位，严格执行质量标准，不断提高人才培养质量，不能偏离质量的旨归。当前在部分大学生中存在着理想信念和社会责任感缺失、学习动力和激情消退、沉迷网络游戏、意志消沉、得过且过、善恶不辨、散播非主流文化和生活奢侈等不良现象，因此亟须在教育教学工作中营造鼓励追求卓越、力争上游的文化氛围，引导大学生树立人生理想和青春抱负，培养大学生对科学文化和时代前沿知识理论的求索欲和兴趣点，使他们把注意力转移到学习上来，摒弃不健康的生活和学习方式，从而端正学习态度，激发学习动力，形成良好的学习风气。

5. 兼容并包的开放精神

兼容并包在于教学理念的自由与包容，以及教学思想的百家争鸣、百花齐放。大学是一个具有高度自我调适能力的自由组织，海纳百川的开放精神使大学能够不断获取发展的力量。没有宽容，就没有教学自由；没有宽容，就没有知识的创造与创新。有鉴于此，中外著名大学都非常注重和强调大学宽容精神的培育。伍德沃德曾是麻省理工学院的一名学生，他酷爱化学，但大学一年级时除化学课成绩突出外，其他课成绩都很差，按规定应对其做出退学处理，但学校校务会讨论后决定灵活变通，破格准许他重新入学，并为他安排专门的教学计划，让他有充足的时间开展研究，并安排两位教师进行指导，结果他 20 岁时获得博士学位，32 岁时获得诺贝尔化学奖。中国现代大学的先驱蔡元培、梅贻琦等吸收和借鉴了欧美优秀教育思想，开了中国现代高等教育的先河，推动了我国教学文化的进步，他们的这些思想得以在我国现代大学和学者中传承和延续。

二 大学教学文化的主要功能

大学教学文化作为社会主义文化的重要组成部分，在为大学实现服务社会、科学研究和文化传承创新功能提供特殊支撑的同时，在人才培养过程中还有着培育和教化、陶冶和塑造、凝聚和激励等多重功能。

(一) 大学教学文化的培育和教化功能

教育的根本问题是培养什么人以及怎样培养人的问题，因此责任感培养是教育的核心任务，深层为价值取向，显层是行为准则。简而言之，大学要培养出既能爱国又能创新、既有民族情怀又有国际视野、既会做人又会做事的高素质人才。当前，我国大学应将教学文化拓展为坚持社会主义核心价值观，突出爱国兴校、服务人民的民族精神，彰显以人为本和人文关怀的人文精神，凸显与时俱进、改革创新的时代精神，强化崇尚学术、追求真理的科学精神，外化为"爱国爱校、厚德博学、敬业奉献、诲人不倦"的教风和"追求真理、自由独立、自强不息、学而不厌"的学风，以此为基础凝练独特的校训。在拓展和外化的基础上，通过教风学风文化育人体系的持续运行，彰显大学教学文化的四大培育功能，即社会主义核心价值观引领下的爱国兴校、服务人民的民族精神培育，以人为本、人文关怀的人文精神培育，与时俱进、改革创新的时代精神培育，崇尚学术、追求真理的科学精神培育。

（二）大学教学文化的陶冶和塑造功能

文化育人极富渗透性，其实质是思想方法、道德意识、价值观念、行为方式的启迪、感化、陶冶，通过形成一定的文化氛围，促进师生之间、同学之间、教师之间相互影响。以崇真尚实、自由独立、追求真理为基本价值取向的教学文化可以帮助莘莘学子养成优良的道德操守；以兼容并包、追求卓越为基本价值目标的文化活动则有利于培养学生高雅的生活情趣和审美情趣，以充实和完善自己的人生；以鼓励创新、铸造特色为基本价值内涵的校史展览馆、景观塑像等物质文化能使广大学生得到美的感受，以及心灵的陶冶、净化和升华。

（三）大学教学文化的凝聚和激励功能

大学教学文化以深厚的文化传统和积淀以及理念的明晰性，逐渐为学校师生所认同并转化为深层次的群体意识。其中的大学精神，是由一代又一代师生凝聚和传承而形成的，在教学过程中产生强烈的感召力，激励师生自强不息、奋发图强、追求卓越，由教学文化集中反映出来的学校形象和声誉，增强了师生的凝聚力和归属感。

三　培育大学教学文化的路径思考

大学要通过凝练教学文化核心元素、建立校园文化标识系统增强师生对学校教学文化的认同，通过丰富多彩的文化活动丰富第二课堂活动，树立先进典型和学习榜样，不断丰富校园人文情怀，使全校师生浸润在浓郁的教学文化氛围里，在轻松、活泼、明快、和谐的校园文化里追逐大学梦想。

（一）凝练教学文化核心元素

大学精神与办学理念是大学教学文化的双核，是一所大学办学特质之所在。每一所大学都有独特的历史和文化，关键在于管理者的凝练和传承。战时的西南联大是我国唯一被公认办学水平达到或接近当时世界一流大学水平的大学。梳理西南联大的办学历程，我们不难发现，支撑西南联大人的精神力量就是强烈的家国情怀和对学术的坚守。正如西南联大纪念碑碑铭所云："内树学术自由之规模，外来民主堡垒之称号。"又如，成都理工大学总结其半个多世纪的办学实践，凝练形成了"不甘人后、敢为人先"的进取精神、"穷究于理、成就于工"的治学理念和"艰苦奋斗、奋发图强"的优良传统。这些核心元素被广大师生代代传承，镌刻在脑海里，融化在血液中，落实在行动上，已成为师生做人、做事、做学问的基本准则和教学文化的精髓，影响着一代又一代学子。总之，大学管理者必须以高度的文化自觉，凝练教学文化的核心元素，并不断发扬光大，方能实现大学文化的自信与自强。

（二）建立校园文化标识系统

学校的标识一般分为内在标识和外在标识两大类。外在标识又分为场所标识和符号标识两种。场所标识主要是指学校各种空间的标识，如功能场所标识、道路名称标识、建筑物名称标识等。符号标识主要包括校名标识、校徽、校旗、校歌等。良好的校园文化标识系统有利于塑造学校形象，提高学校竞争力，增强师生的凝聚力、自信心和自豪感。

（三）丰富第二课堂活动

学校要把第一课堂的教学与第二课堂的活动有机地结合起来，真正做到相互渗透、相互融合；充分借助"五四"青年节表彰、优秀学子访谈等文体活动，学生会、社团联合会等青年群众组织，以及大学生艺术团、话剧社、记者站等校园文艺组织等，推进"高雅艺术、教学名师、企业名人进校园"活动，举办知识竞赛、演讲赛、辩论赛、人文素质讲座、读书节、科技竞赛和科技成果展等活动，使丰富多彩、形式多样、品位高雅的校园文化活动带给学生的不仅仅是知识的补给、情趣的添加和视野的开阔，更是人格的升华和能力的提高。

（四）发挥典型引领作用

通过设置奖学金、评选优秀毕业生等树立典型，通过事迹宣讲、校园媒体互动等方式加大对典型的宣传力度，用身边典型的事迹感染人，用学生熟悉的形象鼓舞人。例如，成都理工大学每年举行优秀大学毕业生事迹报告会、优秀校友事迹报告会，宣传优秀的应届毕业生，以及在工作单位中表现突出、成效显著的往届毕业生的典型事迹。树立的一大批先进典型很快成为学习榜样，大学生在榜样的带动下，逐渐形成了学习先进、争做先进、赶超先进的良好氛围。

四　结语

高教强必强文化。大学因学术而生，为学生而存，教学工作是学校的中心工作。大学文化建设，须将教学文化建设作为重点。当今时代，无论从国家对提高高等教育质量的要求来看，还是从许多高校的教学现状来看，加强大学教学文化建设意义都十分重大。大学领导和教师要把目光投向教学、把心思放在教学、把精力投入教学，共同建设好大学教学文化，这是提高高等教育质量、建设高等教育强国的必然选择。

科学研究篇

以科研管理模式改革推动协同创新

程孝良　蒋欣坤

协同创新的本质是管理创新，核心是体制机制创新，目的是激发创新活力、集聚创新要素、融合创新资源，形成创新能力与创新优势。成都理工大学依托学科优势，以协同创新中心为载体，深化体制机制改革，充分发挥协同创新优势，构建"政产学研用"一体化、国际化、跨行业、跨学科的协同创新联盟，探索以需求为导向的具有持续发展能力的科研组织管理模式，开展联合攻关，解决重大问题，产出重大成果。

目前，中国高等学校的科研模式不利于有效组织和汇聚各方资源解决国家发展中的重大科技难题，也很难形成世界一流的研究团队并取得重大创新成果。为提升高等学校创新能力，2012 年教育部、财政部启动实施了"高等学校创新能力提升计划"（简称"2011 计划"），提出"以机制体制改革引领协同创新，以协同创新引领高等院校创新能力的全面提升"，致力于突破高校内部与外部的机制体制壁垒，着力解决三个突出问题：一是解决当前创新体系中的高校、科研院所、企业三大主要创新主体之间相互孤立、力量分散、重复建设、效率低下的问题，突破高校与其他创新主体之间的壁垒，释放人才、资本、信息、技术等创新要素的活力；二是解决科技创新与经济社会发展脱节、科技成果转化不足的问题，促进科技创新与经济社会发展需求的对接；三是解决高等学校内部教学、科研、学科建设之间相互脱节的问题，实现人才培养、学科发展、科技创新的有效协同。协同创新的本质是管理创新，核心是体制机制创新。成都理工大学依托学科优势，以协同创新中心为载体，深化体制机制改革，尝试改变闭门造车搞创新、空中楼阁搞创新、单兵作战搞创新的科技创新方式，聚集创新资源，通过协同创新，打造一批高水平科技领军人才和创新团队，产生一批标志性研究成果，促进一批优秀科技成果转化，建成相关领域具有重大影响的学术研究高地、技术研发基地、成果转化与推广应用阵地，以及拔尖人才汇聚与培养平台，显著增强科技创新能力、高质量创新人才培养能力和服务经济社会发展的能力。

一 创新体制机制，按下科技创新"加速键"

针对目前高校科研评价体系落后，缺乏标志性应用创新成果，科研规模、结构、能力、水平等创新要素与高等教育发展不适应等问题，应深化体制机制改革，驱动科技创新。

（一）创新科研组织模式，解决协同机制问题

打破以院系为基础的科研组织模式，构建协同创新、学科交叉的科研组织模式。面向国家及行业产业战略需求，探索"企业需求＋高校研究"的运行模式；积极跟踪收集国家、相关部委以及行业的发展规划，深入分析国家、行业、企业需求，了解政策和行业动态，保证研究方向与需求的良好对接；建立以需求为导向的创新要素汇聚的项目形成机制；建立创新方案发布机制、反馈机制，完善项目论证及形成制度，从团队、技术平台、工作基础等方面对项目进行配置，确保

快速形成高质量项目。

完善校、院两级科研管理体制，以任务为牵引，构建人才团队、科研项目、基地平台、成果转化一体化协同推进的科技创新模式，探索通过重大科研任务汇聚人才、通过特色研究团队组织科研协同攻关、研究团队稳定与研究人员流动相结合、研究团队专兼职人员结合的可持续的科研组织模式。通过体制机制创新，在优势学科领域构建协同创新联盟，形成一批研究方向相对集中和互补、在研究领域拥有创新能力和研究优势的交叉科研团队。例如，成都理工大学地质灾害防控协同创新中心围绕复杂环境条件下地质灾害形成机理、风险控制、监测预警和防治技术等关键科学技术问题，通过体制机制创新，突出协同创新和学科交叉，组建了形式灵活、目标导向的多层次科研平台和团队，构建"政产学研用"一体化、国际化、跨行业、跨学科的协同创新联盟，形成了跨学科、跨单位的高级别重大科研项目、团队、奖励申报组织的工作机制。按照强强联合、优势互补、自愿平等、开放融合、任务牵引、协同创新的原则，以高等学校为核心，通过自然资源部的引导，科研院所的协作，以及企业的应用，组建四层次的协同创新联盟。按职责、分工及作用的不同将协同创新单位分为核心层、引导层、协作层和应用层四个层次。核心层由从事创新研究的4所高校组成，包括牵头单位成都理工大学，核心单位中国地质大学（武汉）、长安大学和同济大学，主要发挥这些高校在科学研究和人才培养方面的核心作用；引导层由行业政府部门自然资源部担纲，主要发挥其协同创新政策和行业科技方向引导以及资金支持的作用；协作层由中国科学院成都山地灾害与环境研究所和中国科学院力学研究所组成，主要发挥其特有的技术和人才的协同作用；应用层由产业部门和目标用户构成，主要为中国地质调查局和中国水电工程顾问集团有限公司，主要发挥其在技术和人才需求、成果推广应用及产业化、资金支持等方面的作用。

（二） 创新科研管理机制，解决创新动力问题

改革科研资源配置方式，建立投入和产出相协调、贡献和地位相匹配的科研资源配置机制，进一步完善优化校内评估体系及二级单位的目标责任制。改革科研项目管理机制，改变"自上而下"发通知式的项目申报机制，建立全程跟踪重大及重点项目立项与实施过程的科研管理机制。积极探索产业技术研究院科研管理模式，重点进行科研组织模式、资源配置、人事制度、人才培养等方面的配套改革与创新。例如，成都理工大学地质灾害防控协同创新中心充分发挥"政产学研用"等各方面的优势，以建设"国家需求，世界一流"的地质灾害防控中心为导向，以关键科学技术问题为引领，以创新能力提升为核心，通过一系列体制机制改革，建立了地质灾害防控领域的知识和技术创新体系，为中心的科学研究、人才汇聚、人才培养和世界一流学科建设提供坚实保障，形成了一套产出地质灾害防控领域原创性和创新性成果、满足国家减灾防灾重大需求的协同创新新机制和新模式。一是探索构建实体化组织机构。建立了由协同创新单位共同参与的实体化组织机构，主要包括：理事会、中心主任团队、科学技术咨询委员会、人才培养指导委员会、研究团队、研究平台、综合事务部、科技管理部、人才培养与管理部。中心运行与管理采用"以理事会为决策层、科学技术咨询委员会和人才培养指导委员会为指导层、中心主任团队为管理层、研究团队和人才培养与管理部为执行层"的模式。实行理事会领导的中心主任负责制，理事会下设中心主任团队（含主任和副主任）、科学技术咨询委员会和人才培养指导委员会。研究团队和研究平台实行首席教授负责制，具体由首席教授带领团队和平台开展研发工作，管理部门实行服务总管负责制。理事会负责中心重大事项的决策；中心主任团队全面负责中心的各项工作；科学技术咨询委员会主要负责中心学术方向的遴选、科研课题的设置以及研究

课题实施方案和学术成果的评价等；人才培养指导委员会主要负责人才培养方向、培养目标、培养机制和培养方案的确定；首席教授负责中心学科建设与发展、科技发展规划与实施、人才汇聚与人才培养方案制定、研究平台建设规划等。二是任务牵引与薪酬改革结合的人才聘用与汇聚机制。通过科研任务与个人特长结合、年薪制与绩效奖励结合，打破单位限制，淡化身份，强调贡献，使研究人员既能发挥个人特长，又能通过科研任务融入研究团队，还能获得应有的报酬，激发科研人员的创新潜力。三是以科技资源数据共享平台和技术体系共享平台为内容的特色资源共享机制。除在研究平台、仪器设备、图书资源等方面实现共享外，特别结合地质工程学科的特点，统筹野外科学观测研究基地，实现了不同地域、不同类型地质灾害的一体化联测，并形成了野外科学观测资料远程共享、野外实践基地共用的特色机制。与此同时，建设技术体系共享平台，形成统一协调管理、资源分布建设、全面共享、自由访问的技术开放体系，建立一支符合中心科研项目需求的实验技术队伍，将研究方法、研究技术在中心开放，促进研究团队的技术更新，形成信息共享和知识创新的互动性研究团队。四是营造开放共享、创新包容的学术文化氛围。建立开放的学术交流平台，定期召开学术论坛，举办学术沙龙、学术报告会、新技术交流会、学术讲座；建立青年科学家联盟，活跃青年骨干的学术气氛。尊重研究人员对研究工作的建议权、探索权和自由研究权，鼓励学术挑战与争鸣，营造鼓励研究人员创新的文化环境。

二　制度与科技创新协同，"两个轮子"一起转

构建"制度化激励、全覆盖保障、多元化评价"的科研管理、保障、评价体系，破除制约科技创新的制度瓶颈。

（一）优化科研管理制度，为科技创新"保驾护航"

充分考虑科研人员的智力成本支出，完善以知识价值为导向的激励政策。根据党和国家关于科研经费管理的文件精神，将科研项目按工作内容划分为纵向项目、横向项目、成果转化项目。对纵向项目按预算执行科研绩效奖励政策。对接受企业、其他社会组织委托的横向项目，人员经费按照合同约定进行管理。将横向科研项目经费分为直接费用和间接费用，在间接费用中，根据项目研究需要，可划分出不超过40%的技术成本费，用于软件开发、计算、分析、资料整理、数据处理、编图、项目设计编写和成果报告编写等的科研人员智力劳动成本支出。对技术开发、技术咨询、技术服务等成果转化项目，依据《中华人民共和国促进科技成果转化法》及《实施〈中华人民共和国促进科技成果转化法〉若干规定》的规定发放奖金、报酬。尊重科研规律和研究活动需要，构建具有学校特色的科研管理制度体系。充分考虑成都理工大学科研人员工作环境艰苦的特殊性，对在艰苦地区甚至无人区从事科学研究的人员，从差旅、劳动保护、健康补贴、劳务用工等方面制定了一些特殊的经费使用政策。例如，对横向科研项目差旅费报销实行实报实销或包干使用，由项目负责人根据项目预算情况确定报销方式。考虑野外地质工作存在任务重、工作区环境艰苦和风险大等特点，参照自然资源部有关地质调查工作的相关规定，将野外工作地区根据自然环境和工作条件分为三类地区，并赋予不同地区调整系数；报销时先按照实际工作地点确定地区类别，再确定相对应的野外工作补助标准和特殊地区营养费标准。充分考虑创新人才培养的需要，鼓励高年级本科生和研究生参与导师课题，鼓励学生深入生产现场开展调查研究、采集数据、现场试验等工作，培养和锻炼学生自主学习能力、分析和解决问题的能力以及开拓创新的能力。学生完成研究工作任务后，导师根据学生参与科研课题的实际工作量，给予一定的科研补助和误餐补助。

（二）完善收益保障体系，调动科研人员积极性

在科技成果产出阶段，设立成都理工大学专利发展基金，由学校资助部分专利的申请费用和维持年费，并对已获得专利授权的成果完成人给予奖励。在科技成果实施转化后，确保科研团队在学校科技成果转化收益中的分配比例不低于70%。通过申请时资助、授权后奖励、转化后受益的全覆盖保障体系，提高广大师生发明创造、成果转化的积极性。出台《成都理工大学专利管理办法》，不仅下放科技成果使用、处置和收益权，还将科研负责人、骨干技术人员等重要贡献人员和团队的收益比例提高至70%—80%，保障了科研单位和科研人员的合理收益，充分调动了学校科研人员从事科技成果转化的积极性。截至2019年，学校已有20余项专利进行共享确权。2017年至2019年，专利许可和转让项目11项，合同经费超过600万元，学校教师以校企联合研发新产品、自主创业方式成立科技公司10余家。自实施新的专利权"共享确权"管理办法后，以技术转移为目的的专利许可、转让项目数量和实际到账金额均超过前10年总和。

（三）深化科技评价机制改革，解决科技活动导向问题

对从事基础和前沿技术研究、应用研究、成果转化等不同活动的教师建立分类评价制度。构建完善以研究原创性、理论前沿性和学术影响力为主要指标的基础研究和以解决国家重大需求实效性为主要指标的应用基础研究评价体系，实行以长周期考核为主的评价方式，支持从事基础研究的科研人员产出重大原创性和基础性科研成果。改变以论文、获奖为主的考核评价方式，构建完善以实际应用价值、行业贡献度和社会影响力为主要指标的应用与转化研究评价体系，实行个人考核与团队考核相结合、科研考核与教学考核相协调的评价方式，

鼓励从事应用研究和成果转化的科研人员在技术创新创造、高新技术成果转化、产业行业贡献等方面做出突出贡献。完善科研团队和科研平台考核评价体系，构建完善以团队和平台创新成果质量、承担重大项目能力、服务国家战略需求的贡献度、人才质量结构等为主要指标的综合考核评价体系，促进科研团队和科研平台的创新能力和综合竞争力的持续提升。

三 创新政产学研用合作模式，加速成果转化

围绕科研项目立项和研发、科技成果转化和交易、科技成果产业化市场化全过程，以高端成果为引领，以"三权"改革为核心，以成果转化平台为支撑，以制度建设和激励机制为动力，以优化成果转化服务体系为保障，打通政产学研用协同创新通道，全面提升科技创新及成果转化能力。

（一）搭建知识转移与社会服务平台，解决技术研发与产业需求脱节的问题

目前，高校借助国家科技计划支持的科研项目形成了大量科技成果，其中不乏高质量优秀成果，但是这些成果大多以论文、著作或专利的形式呈现，并未通过企业实施应用，转化为现实生产力。为解决这一问题，学校积极搭建服务平台，一是筹建产业技术研究院。结合四川省和成都市的产业发展战略和关键技术需求，以建设节能环保产业技术研究院为契机，系统集成学校在页岩气开发、工程建设材料、各类污染检验检测和处理、新材料、环境综合治理等方面的科技资源和成果，重点发展防灾减灾产业，优先发展环保节能产业，大力发展新能源产业，加快发展新型核技术产业，创新发展新型文创产业，打造"一防一节三新"科技产业体系，在节能环保产业的共性、关键性

技术研发方面取得重大突破，通过促进新技术成功转化，孵化出一批该领域的新型企业。二是加快推进新型智库建设。积极推进生态保护与环境治理四川新型智库建设，为四川和成都经济发展，长江上游地下水、土壤、大气等生态环境恢复，满足国家矿产资源战略需求和实现国民经济可持续发展提供了科学的决策咨询。地质灾害与地质环境保护国家重点实验室专家团队第一时间指导"6·24"茂县特大山体垮塌应急救援、"8·8"九寨沟地震抗震救灾及灾后重建等工作。此外，学校还整合地质灾害防控协同创新中心、攀西战略矿产资源综合利用协同创新中心、四川盆地及周缘优质页岩气资源潜力评价协同创新中心、四川矿产资源研究中心和资源与环境经济普及基地等平台，建成生态环境保护、防灾减灾、页岩气资源开发、节能环保、金融等相关领域新型高端智库。三是向社会开放校内平台。实行"开门办学"战略，分别与成都市政府和成都市成华区政府签订《深入推进全面创新改革，共建一流大学战略合作框架协议》，围绕四川省和成都市产业核心共性技术需求，创新建设模式与联动机制，探索与地方和企业共建校内外多层次的政产学研用合作一体化平台。重点建设防灾减灾、节能环保、新能源和新材料、核技术与仪器等产业和地方产学研基地。其中，市校共建产业技术研究院、环成都理工大学知识经济圈为重点任务。

（二）构建科技成果转化"双链条"管理体系，打通成果转化通道

目前，高校科研活动与企业交流、互动不够，没有充分利用企业在生产、市场和资本等方面的优势，尚未形成良好的校企协同创新机制与资源深度融合与成果转化机制。为解决这些问题，一是建立了上中下游科技成果转化管理链。打造"科研项目—研究院—产业园"一体化的创新架构，"上游"的科技成果转化管理办公室是科技成果产出

的"整合器"，"中游"的研究院是科技成果转化的"加速器"，"下游"的产业园是科技成果转化的"孵化器"。通过全链条管理推动健全市场导向、社会资本参与、多要素深度融合的成果应用转化机制。积极开展科技成果"三权"改革实践，对产业前景较好的自有知识产权，进行相应的技术许可、转让、融资、投资等专业化运作，获取知识产权收益。积极探索建立责权利一致、有形无形资产一体的收入分配制度。尝试放开科技成果、知识产权等无形资产入股和转让限制，加快推行股权和分红激励政策。目前，学校已通过校友资源，积极引导社会资本参与学校科技成果转化。筹备设立由政府、学校、社会构成的创业投资基金，解决技术集成和孵化阶段的资金来源问题，加大对成果转化关键环节的支持力度。二是建立了科技成果转化的申报审批管理链。在成果转化过程中建立分类分级的申报审批管理制度，确保转化流程规范、责权清晰、合法合规。在科技处科技成果管理科（科技成果转化管理办公室）设立专职科技成果转化服务岗，构建基础研究、应用开发、成果转移与产业化链条，打通科技成果走向市场的通道，统筹协调科技成果转化过程中的科技、资产、科技园/产业技术研究院等部门。面向省内企业和相关行业，综合政府和企业的实际需要，向政府主管部门和企业提供产业前沿技术路线研究、技术需求分析、专利导航、重大科技和经济活动知识产权评议、无形资产价值评估、技术营销、技术并购、知识产权运营等精准有效的新型科技服务，推进校地政产学研用合作深度融合，加快高质量科技成果转移转化。

四　结束语

高校协同创新是顺应知识经济时代潮流的一种跨文化、跨领域、多主体参与的非线性创新组织模式。开展协同创新，不仅是深化科技体制改革、提升高等学校创新能力的内在要求，也是增强中国科技竞争实力、推进创新型国家建设的必由之路。高校协同创新源于产学研合作而高于产学研合作，是科技生产关系适应科技生产力发展客观规律的现实体现。成都理工大学依托学科优势，以协同创新中心为载体，重点开展了四层次协同创新联盟机制、任务牵引与薪酬改革的人才聘用与汇聚机制、优质资源共享机制、可持续发展科研组织模式、强化实质性贡献的绩效评价体系、创新人才培养的国际化模式等方面的创新改革。通过一系列机制体制改革，为中心的科学研究、人才汇聚、人才培养和国际一流学科建设提供了坚实保障，形成了一套产出地质灾害防控领域原创性和创新性成果、有效满足国家防灾减灾重大需求的协同创新新机制和新模式，实现了培养高水平人才、凝聚高水平团队、建设高水平基地、争取高级别项目和产出高水平成果的"五高"科技工作目标。

（感谢成都理工大学地质灾害防控协同创新中心为本文提供资料）

斯旺西大学科技成果转化的模式、路径及其启示

程孝良　莫维兰

科技成果转化既是我国世界一流大学建设的重要内涵，也是我国实现高质量发展必须解决的短板。英国斯旺西大学通过创建成熟的科技成果转化模式，构建权责分明、高效协同的转化组织结构，多元合作形成健全的转化路径与机制，建立平台拓展规范的融资方式，获得了丰厚的科技成果转化收益。梳理借鉴其成功经验，我国应从加强政府科技规划、优化高校成果转化组织结构、创新成果转化运行路径、创建成果转化融资机构入手，促进高校科技成果转化及高质量发展。

高校科技创新及成果转化受到世界各国的普遍关注，促进科技成果转化是加强科技与经济结合的关键环节，对于支撑经济转型升级和产业结构调整、打造经济发展新引擎具有重要意义。近年来，高校科技成果转化受到国家高度重视，国务院先后印发《中华人民共和国促进科技成果转化法》《实施〈中华人民共和国促进科技成果转化法〉若干规定》，国务院办公厅印发《促进科技成果转移转化行动方案》等具体政策来推动这一领域的实际工作。《2017年高等学校科技统计

资料汇编》数据显示，教育部直属高校在基础研究、应用研究和试验发展等领域当年拨入经费 4674776.6 万元，其中专利出售合同数仅1407 项。面对成果转化率低、资源利用率低等问题，如何进一步提高我国高校科技成果转化水平，是新时期科技体制改革的难点和热点问题。

长期以来，全球尤其是英国威尔士政府认为大学是重要的经济参与者，应不断探索如何优化大学与产业之间的互动和影响[①]。20 世纪80 年代以来，英国政府持续推动了多次改革，促进科技成果的商业转化，如搭建科技成果转化平台、给予资金支持、改革科技成果转化方案等。在政府的引导下，英国各大高校研究机构不断加强科技成果转化和创新创业，斯旺西大学通过给予足够资金支持、完善政策保障、设立专门组织机构等方式促进科技成果转化，取得良好成效。斯旺西大学积极推进以 AgorIP 模式为核心的科技成果转化，截至 2018 年，签订科技成果转化合同 234 项，新增 119 项专利，成立 18 家新公司，获得了超过 100 万英镑的研究补助和 200 万英镑的私人投资，斯旺西大学也因此跻身英国十大创建衍生公司的高校[②]。其高效的成果转化组织体系、健全的成果转化运行路径、规范的成果转化融资方式等为我国高等院校提供了宝贵经验。

一 斯旺西大学科技成果转化的发展历程

斯旺西大学科技成果转化活动起源于 19 世纪六七十年代。一方面，由于政府对高等学校科研经费投入锐减，学校不得不寻求与企业

---

① G. H. Davies，S. Roderick，L. Huxtable-Thomas. Social Commerce Open Innovation in Health-care Management：An Exploration from a Novel Technology Transfer Approach ［J］. Journal of Strategic Marketing，2018：1-12.

② The Organizations of AgorIP. AgorIP：Home ［EB/OL］. ［2018-11-26］. https://www.ago-rip.com/.

组织进行实质性合作，在产业界、金融界寻求更多科技成果转化收益，用于反哺科研经费投入以支撑自身科研的发展；另一方面，创新能力已成为衡量各大高校乃至国家综合实力的核心要素，而创新根源于科技成果研发及转化程度，因此科技成果转化越来越受到政府和高校的重视。自 2011 年以来，斯旺西大学把加快科技成果转化、促进产业结构调整作为科技经济协调发展的重要措施和未来科技发展的战略规划，对科技成果转化进行了持续探索，并于 2016 年正式提出促进高校科技成果转化的 AgorIP 模式。其科技成果转化模式经历了起步、发展、成熟三个阶段，现在已形成成熟的科技成果转化 AgorIP 模式。

（一）斯旺西大学科技成果转化模式的起步及发展

为了促进科技成果的商业化，斯旺西大学 2011 年提出了科技成果转化的新计划——实施"一切成果商业化"（Commercialize Everything）策略，倡导对所有的科技成果转化进行资金支持。虽然当时该策略仅在计划阶段，并未完全细化不同科技成果之间的差异，但此策略成为斯旺西大学科技成果转化的萌芽，为科技成果转化后续发展奠定了良好的思想基础。2014 年提出可投资业务（Investable Business）政策，该政策的主要职责是完善科技成果转化的投资准备，通过先试点，再选定，后观察的路径，强调准备过程中必须有商业人才和学者共同参与，以防止投资方向的偏差。同时保证初期投资基金的数额不大于 7.5 万英镑，以便为后期更庞大的成果转化提供基金保障。由于该政策的成功实施，仅仅投入 40 万英镑用于科技成果转化试点，便成立了 8 家公司并募集到了 400 万英镑的资金。这极大地鼓舞了科研人员参与科技成果转化的积极性，营造了良好的政策环境。2015 年成立斯旺西大学创业基金（SUIF），主要用于与剑桥企业、天使投资基金等共同成立种子资金。该基金由斯旺西创新公司研究、参与和管理，其中每年预计投资 25 万英镑，单次投资最高可达 5 万英镑[①]。基于斯旺西创新公司的成功管理，斯旺西大学创业基金的股权总值呈大幅度上升趋势，仅 2015 年其价值就上涨至 250 万英镑，科技成果转化效果逐步凸显。2016 年威尔士政府与英国国家医疗服务体系（NHS）成立了斯旺西医疗创新合作伙伴基金（SHIPP），由斯旺西大学 12 个月内资助 40 万英镑用于试点投资涉及商业医疗、健康产业等领域的科技成果。鉴于该组织对科技成果转化项目做好了概念验证、临床试验等前期工作，在短时间内，斯旺西大学资助的 6 个项目全部顺利完成，并成功建立一家投资型企业、一款"健康饮食"专项App。该模式的成功运行为下一阶段的发展奠定了良好的基础，加速了科技成果向社会生产服务的转化，为其注入了强大的经济驱动力。

（二）斯旺西大学科技成果转化模式的成熟

为了鼓励并加快科技成果的商业转化，斯旺西大学秉持帮助每一位投资者将创意和发明变为现实的目标，在前行的路上不断探索科技成果转化的有效途径，于 2016 年形成了成熟的科技成果转化模式。

1. "一切成果商业化"策略模型的诞生

"一切成果商业化"策略自 2011 年提出以来不断发展完善，于 2016 年建立该策略的完整模型，并运用到科技成果转化的实际工作中。该策略旨在将所有的科研成果进行转化，具体操作是将不同的科技成果划分为四种类型，分别是投资型（Investment Opportunity）、许可型（License Opportunity）、机会型（Start-up Opportunity）和参与型（Engagement Opportunity）（见图 1）。将科研成果分为不同类型，有助于进一步对不同科技成果转化采取不同策略。

---

① Kevin Sullivan. Swansea City Shareholders to Back University-based Spinout Companies［EB/OL］.［2015－11－13］. https://www－2018. swansea. ac. uk/press-office/news archive/2015/swanseacityshareholderstobackuniversity-basedspinoutcompanies. php.

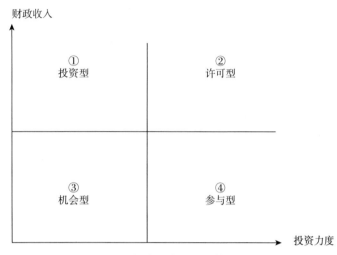

图1 "一切成果商业化"策略模型

一是投资型。该类科技成果具有投资小、回报大的特点，成果转化需求强烈。由斯旺西大学资产经营公司通过资本投资运作方式参与此类科技项目，通过项目的实施实现科技成果产业化、商品化，从而实现自身高额回报与高质量发展融合。这类科技成果以独特的优势大幅度提高科技成果转化效率，实现成果转化过程低风险、高收益、低流动性，进一步为科技研究发展提供了原动力，增强自主创新及成果转化能力。

二是许可型。该类科技成果具有投资大、回报大的特点，成果转化需求较为强烈，是当前大多数科研成果的类型。因其具有投资大、风险高的特点，在知识经济语境下，为化解风险，应保证在政府、高校及企业联合参与下开展这类科技成果的转化，加大资金、基础设施建设和各方的支持力度，不断推进产学研深度合作，确保高校实现社会服务功能和产学研合作。

三是机会型。该类科技成果具有投资小、回报小的特点。不同的科技成果类型都以各自独特的转化模式，为促进高校科技成果转化做出贡献。坚持机会型的科技成果转化，对激发人才创新研发科技成果的积极性、鼓励人才进一步实现科技成果的转化具有重要意义。有助于扩大科技成果转化覆盖面，提升不同科技产业竞争力，增强社会对科技成果转化的认同感。

四是参与型。该类型科技成果具有投资大、回报小的特点。提升参与型科技成果转化的"质"，总结此类成果转化过程中的宝贵经验，为其他三类科技成果转化提供借鉴和参考，也为下一次参与此策略中的科技成果转化提供新的路径。加快科学技术研发和科学技术转化一体化，增强理论与实际相结合研究，实现分类标准同知识创新与科学技术转化协同。

科技创新是国家发展战略的核心，而科技成果实现转化是国家经济社会事业发展的首要之策。斯旺西大学实施"一切成果商业化"策略，在厘清科技成果需要的投资与财政收入的逻辑关系下，深度挖掘科技成果潜力，帮助更多不同类型的科技成果获取相关财政支持进行成果转化，尽可能使这四类科技成果转化在"量"上都不断增加，鼓励人才进一步创新研发科技成果，大幅度提高其积极性。在保证科技成果转化的"质"的基础上，有效实施这四大类型的科技成果转化是提高科技创新成果转化速度和效率的关键。

2. AgorIP 模式的诞生

2016 年斯旺西大学管理学院正式推出科技成果转化 AgorIP 模式，该模式的出现与斯旺西大学的"一切成果商业化"策略理念紧密联系。它是指将学者、英国国家医疗服务体系、投资者与商业专家等联系在一起，以开发新的思想及工作方式为目的。一方面旨在帮助研究人员、企业家和发明家将其拥有知识产权（IP）的科技成果推向市场，使其成功商业化；另一方面旨在为客户提供更高效、更创新、更安全的产品服务，是一种全新的科技成果转化模式[①]。斯旺西大学从初期设想到理念形成、规划设计试点项目，再到覆盖全方位的 AgorIP

---

① Rhydian Owen. What is AgorIP［EB/OL］.［2018－03－04］. https://www.mediwales.com/wp-content/uploads/2018/03/What-is-AgorIP-Presentation-Rhyd-4-3-screen.pdf.

科技成果转化模式，形成了极具活力和特色的成果转化形态，建立了由斯旺西大学主导、威尔士政府和欧洲区域发展基金资助、多元化资本共同建设完善的科技成果转化体系。

AgorIP 模式的特点在于其科研成果可以来自斯旺西大学的员工、学生、英国国家医疗服务体系、研究机构、公司、中小企业、风险资本组织，甚至个人发明者，转化过程涵盖了所有"技术就绪指数"（Technology Readiness level，TRL）级别的评估，包括个人想法的提出、知识概念的验证、后续资金的跟进、投资的准备以及成果转化的评价等①。科技成果成功转化后，参与方都将获得收益，实现全社会联手促进科技成果全面、快速转化的局面，形成高校科研成果和本地产业乃至国家经济社会发展的有效对接和良性循环。但 AgorIP 模式倡导高校必须以加快科技成果转化为目的，而非以营利为目的，高校以促进先进技术与经济发展为己任，体现服务社会、服务国家的公益性管理理念，在政府的资助下根据出台的法律法规不断进行科学技术转化来带动经济蓬勃发展，从而增加政府、高校、社会整体价值②。这样才能够有力地促进知识、科学技术、人才在高校、科研院所以及企业之间的有序流动，加速科技成果转化，促进科技成果在社会市场上的投入与应用，形成较为完善的、具有良好公信力的科技创新服务体系。下面将从组织结构、运行路径、融资方式进行仔细分析。

二 斯旺西大学科技成果转化 AgorIP 模式

科技成果转化不是单一环节、单一主体就能推动完成的，是各个

---

① AgorIP Engagement & Communications Officer. ScholarshipDb. Net［EB/OL］.［2018-02-17］. https：//scholarshipdb. net/jobs-in-United-Kingdom/Agor-Ip-Engagement-Communications-Officer-Jobs-Ac-Uk = 1h-WEXEc6RGUVQAlkGUTnw. html？r_id = 11d61fd6 - 1c71 - 11e9 - 9455-00259065139f.

② Rhydian Owen. What is AgorIP［EB/OL］.［2018-03-04］. https：//www. mediwales. com/wp-content/uploads/2018/03/What-is-AgorIP-Presentation-Rhyd-4-3-screen. pdf.

主体之间相互协同过程中各阶段环环相扣的结果，高校科技创新成果转化受到高新技术、产权、专利政策等多方面的影响①。从横向来看，斯旺西大学科技成果转化组织是 AgorIP 模式的重要主体，该组织立足于斯旺西大学研究部、管理部、创新部三个部门，三个部门相互促进、共同进步，是一个包括多种要素的复杂系统；从纵向来看，AgorIP 模式有一套健全顺畅的工作路径，运行过程环环相扣、紧密联系。AgorIP 模式的融资结构是科技成果转化有序开展的"心脏"，优质的融资结构是促使科技成果快速转化的重要法宝。

（一）权责分明，建立高效完善的科技成果转化组织结构

科技成果转化组织结构的建立要有政府及学校的领导、分工和支持，学校的作用主要是在政府一系列政策措施的引导下，按照科技发展的自身规律来主导和管理科技研发，并有效引导科技成果转化。斯旺西大学科技成果转化组织结构如图 2 所示。

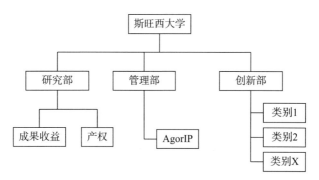

图 2　斯旺西大学科技成果转化组织结构

斯旺西大学实行分工明确的组织方式，大致分为三部分。

第一部分是研究部，主要职责为营造良好的科技成果转化环境，包括制定有利于新技术开发和科技成果转化的新政策、提供知识产权

---

① R. McAdam, M. McAdam, V. Brown. Proof of Concept Processes in UK University Technology Transfer: An Absorptive Capacity Perspective [J]. R&D Management, 2009, 39 (2): 192-210.

专业知识、提供成果转化咨询服务、提升高校的创新意识。

第二部分是管理部，是 AgorIP 的领导者，以增进威尔士人民的健康和财富为宗旨，可为科学技术成果产业化提供金融、法律、人力资源和管理等服务，通过与政府、学者、国家医疗服务体系、投资者和企业家合作来做到这一点①。斯旺西大学管理部是斯旺西大学连接政府、企业组织之间的桥梁，政府和企业组织共同参与科技成果转化的运行管理，使成果转化更加专业化，使大学的研究人员可以更加专注于研究工作、企业组织及市场人员专注于科技成果的商业化、政府专注于宏观环境与各项政策的配套。在这一体系中不同主体和机构发挥了不同的作用，使整个过程更加高效。

第三部分是创新部，旨在营造良好的创新思维环境，把创新摆在社会发展的核心位置，提供加快校内创新成果转化的有效手段。一方面，根据"一切成果商业化"策略把不同的科技成果划分为不同的类型，再结合不同科技成果管理实施政策，向部门提交科技成果转化申请。另一方面，不同的团队根据自身实际情况负责不同的项目，如有医学背景的团队负责医疗类科技成果转化，有工科背景的团队负责工程类科技成果转化，使科技成果转化过程具有更强的专业性，确保每一项科技成果都在从提交申请到成功实现转化的过程中得到全方位、全链条的服务。如此一来，在保证成果转化质量的基础上提升成果转化效率，既提高科技成果转化的"量"，又进一步在不断进行科技成果转化的过程中提高"质"。

（二）多元协同，形成健全顺畅的科技成果转化运行路径

从纵向来看，简便易行的科技成果转化路径，是科技成果成功转

---

① Bethan Evans. Promoting Swansea and Wales to Europe: 2016 European Summit on Digital Innovation for Active and Healthy Ageing [EB/OL]. [2016-12-07]. https://www-2018.swansea. ac. uk/press-office/news-archive/2016/promotingswanseaandwalestoeurope2016europeansummitondigitalinnovationforactiveandhealthyageing. php.

化的必要保障，是威尔士政府直接支持、引导 AgorIP 模式的重要原因之一。AgorIP 模式的主题是"从想法的提出到投入市场都将为您提供支持"①。通过全链条一站式的成果转化路径，以及专家团队助力科技成果商业化，促进形成更高效的科技成果转化模式。具体运行路径如图 3 所示。

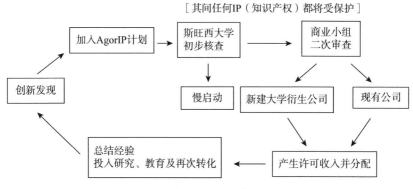

图 3　斯旺西大学科技成果转化运行路径

　步骤一，确定科技成果完善程度、市场适用程度、知识产权权益、转化类型。通过政府和高校齐心协力的宣传，鼓励人才加入 AgorIP 计划，将科技成果提交给斯旺西大学相关负责部门及公司进行审核，通过市场调查来审核科技成果的实用性、完善程度、真正的市场价值和应用前景，使研究成果与市场需要相结合，确保科技成果实现转化后的市场价值。筛选出不符合条件的科技成果，促使其进一步改进或完善后再进行转化。对科技成果进行知识产权（IP）评估，并在需要时安排专利申请等保护。用"一切成果商业化"策略确定其投资方式类型，由校方研发基金提供资金支持进行成果转化，或是将之推向商业小组进一步审核，在社会各界共同参与的合作环境中完成成果转化。

---

① The Organizations of AgorIP. AgorIP：Home［EB/OL］.［2018-11-26］. https://www. ago-rip. com/.

步骤二，递交商业小组开展成果转化的全方位、多层次指导。一般而言，商业小组人员即"第三种人"（独立第三方评价），不仅要具有技术、法律、管理、营销谈判等方面相当专业且广博的知识储备，而且要有能寻找行业专家和商业导师来帮助制定产品或服务商业计划的能力，实现科技成果转化高度的专门化和专业化，从而提高成果转化率和产业化率。第一阶段进行概念验证，即在成果转化过程中的早期阶段，识别出那些可以在新产品或新服务中应用的技术[①]。这些分析实验工作是对第二阶段确定后续资金的保障。第二阶段创建、开发功能齐全的原型并测试其功能，通过实验和产业发展来帮助推进新想法，对不同类型的科技成果进一步分类，确定资金投入数额、投入市场模式。向潜在的资助者展示概念验证，吸引进一步的研究投资经费。

步骤三，创建成果转化结构模型、商业化形式并投入市场。根据已确定的成果转化模式，为享有科技成果知识产权的人才建立初创团队、创建初创公司或申请产品许可，使科技创新成果走向市场[②]。如部分许可型科技成果可通过寻找现有公司的品牌代表发明人销售产品或服务，而机会型科技成果可通过帮助建立公司、品牌和市场渠道销售产品或服务。让高校、产业界与金融业等各方参与的合作环境成为推进科技成果转化的着力点，确保外部投资，使研究人才、企业和市场三方受益。

步骤四，明确成果转化收益分配，建立合理分配制度。享有知识产权的研究团队可以专利、特许权、技术入股、咨询服务等形式商业化，并由此分享特许经营收益、股权收益和咨询服务收益[③]。完善收益分配

① A. Kochenkova, R. Grimaldi, F. Mundari. Public Policy Measures in Support of Knowledge Transfer Activities: A Review of Academic Literature [J]. Journal of Technology Transfer, 2016, 41 (3): 407-429.

② Rhydian Owen. What is AgorIP [EB/OL]. [2018-03-04]. https://www.mediwales.com/wp-content/uploads/2018/03/What-is-AgorIP-Presentation-Rhyd-4-3-screen.pdf.

③ Rhydian Owen. What is AgorIP [EB/OL]. [2018-03-04]. https://www.mediwales.com/wp-content/uploads/2018/03/What-is-AgorIP-Presentation-Rhyd-4-3-screen.pdf.

制度，逐步健全人才、投资者、创业公司、基金和政府各方之间产权清晰、利益共享的产权制度，是确保科技成果转化持续成功的关键。

步骤五，提炼成功转化经验，提高成果转化工作效益。总结成功的科技成果转化所带来的经验，是对知识产权及其转化工作的回报，也是保障下一次科技成果转化成功的关键。循环往复以至无穷，不断提升整个社会科技创新成果的转化能力和科学技术转化的二次开发能力。

（三）平台引领，拓展规范安全的科技成果转化融资方式

创新和创造力对于英国经济的繁荣至关重要，结合高校不断研发的专业知识和企业卓越的投资眼光，有助于巩固英国在世界研究和设计领域的领先地位①。因此斯旺西大学在鼓励研究和开发科学技术的情况下，不断调整科技成果转化融资方式，促进创造力与经济的紧密结合，为科技成果成功转化提供资金保障。斯旺西大学推出的结合式融资方式如图 4 所示。

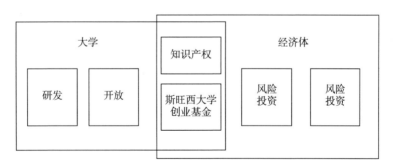

图 4　斯旺西大学科技成果转化融资方式

斯旺西大学科技成果转化融资方式由学校和金融界各大经济体结合组成。在实施科技成果转化的具体过程中，学校和经济体各个投资方的职责和分工有所不同，但它们都围绕科技成果转化这一中心工

---

① Public Relations Office. Swansea University Innovation Impresses Secretary of State for Wales Alum Cairns［EB/OL］.［2018 - 06 - 21］. https://www - 2018. swansea. ac. uk/press-office/news-archive/2018/swanseauniversityinnovationimpressessecretaryofstateforwalesaluncairns. php.

作，从而保障科技成果转化的顺利进行。

学校对科技成果转化起基础性作用，科技成果转化的成果及知识产权大多来源于学校，学校为科技成果转化提供了"原材料"。保持研发成果的高水准、提供开放化的政策环境，且拥有众多科技成果的管理权是现代大学的优势[1]，但要完成成果转化、后续开发、产权转移、商业化及市场化等过程仍需大量资金投入。斯旺西大学创业基金的成立，一方面代表斯旺西大学将投资机会推荐给风险投资机构或私人投资者，另一方面为部分研究成果商业化提供资金支持。其目的是搭建一个学术界和金融界的联系平台[2]。

在风险投资过程中，大学以其研究成果转化预期收益为保证，吸引社会金融资本。金融界各投资方对科技成果进行一定的风险投资，保障科技成果转化所需要的大量资金，加速科技成果的转化过程。基于大学、风险投资公司及斯旺西大学创业基金的共同努力，形成既拥有科技成果知识产权，又具备成果转化所需足够资本的融合模式。在这种方式下，最大化地将各方风险降到最低，不仅解决了科技成果转化资金来源问题，也为风险投资公司提供了新的思路，使大学及风险投资公司双方受益，互利共赢。

三 对我国高校科技成果转化的启示

促进科技成果转化，是高校科技创新的重要驱动力，是高校可持续发展的核心，也是最终在未来国际竞争中赢得有利态势的关键。面对全球各国政府对科技创新平台和技术成果转化重视程度的不断增

---

① Public Relations Office. Swansea University Innovation Impresses Secretary of State for Wales Alum Cairns [EB/OL]. [2018-06-21]. https://www-2018.swansea.ac.uk/press-office/news-archive/2018/swanseauniversityinnovationimpressessecretaryofstateforwalesaluncairns.php.

② Rachel Jones. Swansea City Shareholders Back University-Based Spinout Companies [EB/OL]. [2015-11-09]. https://businessnewswales.com/swansea-city-shareholders-back-university-based-spinout-companies/.

加，抓住新一轮科技创新与科技成果转化的历史机遇已成必然趋势。梳理斯旺西大学科技成果转化的先进经验与做法，对促进我国高校科技成果转化具有一定的参考价值。

（一）加强政府科技成果转化规划，完善转化政策保障

科技成果转化涉及众多专业、行业、领域，需要多方力量相互配合，多角度、全方位为科技成果转化营造外部环境。科技成果转化的顺利完成依赖于政府一定的针对性政策，鉴于威尔士政府携手斯旺西大学在强化科技成果转化方面立法施策的成效，其规划实施模式值得我国借鉴。

首先，完善科技成果转化配套政策。完善的政策法规不仅为科技成果转化中的知识产权提供保障和支持，也为成果转化过程中的每一步提供依据，是规范当今社会科技创新成果转化秩序、行为的重要准绳。威尔士政府前后政策法规环环相扣，其内容包括出台高校科技成果转化法、引导搭建科技成果转化平台、共同出资设立成果转化基金、确定产权归属与均衡利益分配等。相较于威尔士政府简单明了的政策法规，我国目前仍然面临科技成果转化相关配套政策不够细化的问题，如存在《促进科技成果转化法》和事业单位国有资产系列管理规定并行的情况。这两类规定存在较大差异，存在享受税收优惠备案程序复杂问题，导致政策难以落实。政府应加快成果转化配套政策的落实，完善《国有资产评估管理办法》等政策，出台符合我国科技成果转化规律的国有无形资产管理规定，从根本上实现科技成果的市场化定价，真正做到规划"落地有声"。

其次，加大对科技成果转化基金的扶持力度。科技成果从研发到成功转化离不开政府的支持，在科技成果研发和转化链条上，具有清晰产业化前景的科研成果能够顺利地获得资本投资进入市场，但机会型、参与型、缺乏概念验证等的科研成果由于风险太大或效益不大，

尚未跨越"死亡之谷"，缺少资本的支持和市场的关注。这个环节尤其需要政府补位，给予专门的资金支持。面对此情况，威尔士政府引导斯旺西大学成立商业小组，承担主要责任，在社会各界共同参与的合作环境中完成成果转化，建立了概念验证基金、创业基金、种子基金，将高校以及企业各方风险降到最低。我国政府应在现有的政策法规基础上，单独考虑并系统地制定高校科技成果转化政策措施，逐步设立概念验证基金、种子基金等，拓宽科技成果转化渠道，为其输入更多的血液。此外，专业、高效的管理团队是高校、科研机构顺利实施成果转化的关键之一，政府部门在相关专业人员的引进、培养和经费支持方面还需要进一步加大力度。

（二）优化高校科技成果转化组织结构，实现治理效率最大化

优质高效的组织结构是引导科技成果成功转化的"大脑"，是促进高校科技创新成果转化的"加速器"。鉴于斯旺西大学科技成果转化组织结构之间分工明确、权责分明、设置合理，部门之间联合协同的特点，我国应借鉴其组织结构模式，加大力度优化高校科技成果转化组织结构。

首先，发挥高校在科技成果转化组织中的主导作用。要探索建立符合时代特点、市场需求的现代治理结构及运行机制，建立以高校为核心、政产学研共同参与的组织机构，发挥高校在产学研合作中的主导作用。鼓励高校及研究机构加快科技成果的商业转化，注重科技成果转化组织的建立与推广，创建责权利统一的科研部门和科学的科研管理系统，在此基础上根据高校实际情况建立科技成果转化中介机构、技术转移中心、产权保护服务中心等不同部门，充分发挥高校创新驱动的主体作用。

其次，强化各部门之间协调联动。在制定政策时要明确界定科技成果转化中不同部门的权责，使各部门分工明确、体制清晰、机构设

置合理。在责权利明确的科技成果转化管理体制下提供全方位、全链条、一站式的服务，更好地为高校科研工作服务，激发科研工作者从事科技成果转化工作的积极性和可能性。鼓励科研人员、职业经理人、市场人员以不同的形式在不同的部门积极参与到科技成果转化过程中，将科技成果转化的重任移交至高校，减少科研人员、研究组织在科技转化中承担的风险，考虑不同利益相关者的职责和权利。在科技成果转化体系中形成各部门"目标明确齐上阵，各显神通解疑难"的良好局面，建立宏观、中观、微观不同层次的科技成果转化平台，不断提升科技成果转化率。

（三）创新高校科技成果转化运行路径，确保实践流程循环稳定

斯旺西大学的科技成果转化运行路径是以斯旺西大学为主体、在威尔士政府引导和多元资本共同参与支持下推进的。它可以为广泛的研究主体提供个性化服务直至科技成果成功转化，是支撑整个科技成果转化过程的"骨骼"。虽然当前我国研发队伍规模居世界第一，授权发明专利数量居世界第三，但我国科技创新对经济发展的贡献率、经济发展对外技术依存度与发达国家相比仍有较大差距[①]。构建完整顺畅、具有时代性的成果转化路径，将促使科技创新对我国经济发展产生事半功倍的推进效果。

首先，扩大成果转化主体覆盖面，加强成果转化信息宣传。当前我国基础研究、应用研究及成果转化主体在高校、科研院所和企业组织，对科技成果的宣传或科技成果转化模式的推广不够重视且短板明显。一方面，推动政府引导、高校主导、企业组织提供支持的科技成果商业化、产业化，着力解决链条中"最初一公里"和"最后一公

---

① 陈俐，冯楚健，陈荣，等. 英国促进科技成果转移转化的经验借鉴——以国家技术创新中心和高校产学研创新体系为例［J］. 科技进步与对策，2016，33（15）：9-14.

里"问题，并将成果转化范围拓展到可以为每个成员提供个性化的科技成果转化方案，真正实现鼓励"全民创新，全程资助"的目的。另一方面，强化互联网在宣传、信息交流共享方面的作用，开发科技成果转化模式网站，全面详细地介绍成果转化具体要点及近期达到的成就，吸引潜在成果转化主体，使社会各界能够及时便利地获取需要的信息。

其次，创建多元主体参与的成果转化路径，重视"第三种人"的培养。一方面，科学的成果转化路径应该是政府主导，高校引导，企业、高校、研究机构等的专业技术人员共同组成研发团队，优势互补，产生集群效应，多方合作进行成果转化开发。如斯旺西大学科技成果转化中的商业小组一样，建立从理念到实践都具有时代性、合作性的科技中介机构转化体系。另一方面，在多方合作的基础上培养专门从事技术专业和成果转化的"第三种人"，引进、开发与成果转化相关的培训课程，培养高度的市场敏感性和洞察力，加强高校技术转移人员队伍建设，降低科技成果转化成本，持续完善科技成果转化人才战略。

最后，深化科技成果转化评价体系改革，完善利益分配和共享机制。建立更加公平、具体，更具实践性的成果转化评价体系。成果转化评价体系包括对科技成果转化模式及从事科技成果转化的人才进行分类评价，主要目的是总结经验，进一步丰富科技成果转化技能，提升科技成果转化的稳定性。我国部分高校和科研院所的主管部门未将科技成果转化情况纳入科研单位分类考核评价体系，导致科研单位"重学术、轻转化"。因此，要加大科技成果转化权重，不断丰富考评手段，根据不同地区特点进行本土化考核，因地制宜，完善成果转化的协调机制。创建参与各方利益共享机制，完善成果转化激励机制，推动知识产权的保护，充分调动科研工作者成果转化的积极性。

（四）建立高校科技成果转化融资机构，提高成果转化成功率

斯旺西大学科技成果转化过程中引入了风险资本，有力地推动了

科技成果转化及科研过程软硬件条件的改善。建立成果转化融资机构，不仅能为成果转化提供资金、强化管理，也可以促使科技成果转化在不同层次上同时展开，加速其转化，还能有效分散高校科技成果转化工作的风险。基于斯旺西大学的成功经验，建立融资机构应从以下两方面开展。

首先，政府鼓励社会力量与高校结合，引导企业组织和高校联合出资开展科技成果转化活动。加大对高校科技成果转化的财政支持力度，从而尽最大可能增加科技成果转化数量，帮助高校降低科技成果转化的风险。引导社会资本参与成果转化，让市场的需要和高校的技术得到合理对接，让高校和政府、企业进行合作，发挥出彼此最大的优势。携手共同创建科技成果转化专项基金、大而强的高水平服务机构，真正促进技术、资本、市场资源的有效整合，为科技成果转化与成果进一步研发提供完善的服务平台。

其次，遵循公平原则，合理分配政府、高校、企业组织之间的收益，把科技人员收益放在更加突出的位置。建立科技成果成熟度科学评价标准，科学计量科技成果转化过程中各方的成本和收益情况，积极开展产权改革探索，明确产权归属与均衡利益分配。对科技成果持有者和投资方要有相应法律约束，强化对转化过程中科技成果转化收益分配问题的责任追究，真正做到"智力输出""劳力输出""资本输出"在成功转化后的实际收益平衡。

四　结语

在现代经济社会发展体系中，高校具有高层次人才集中、原始创新理论与高新知识技术密集、学科专业综合交叉等优势，是培养未来科技创新领军人才的摇篮和孕育国家未来科技创新成果的重要基地。在创建世界一流大学和世界一流学科的征程中，面对世界新一轮科技革命和产业革命的挑战，高校正在迅速成为我国基础研究的主力军和高新技术的生长点和辐射源，成为国家和地方经济社会发展的重要科技支撑。作为国家科技创新体系的重要组成部分，高校占据着重要的地位，发挥着越来越大的作用。高校作为科技成果主要的产出单位，科技成果转化的倡议者，要不断学习借鉴世界各个国家对促进科技成果转化的有益探索和成功经验，不断深化科技成果转化体制机制改革，以自身的社会市场特点为切入点，剖析整个科技创新与成果转化的模式与路径，根据自身情况制定政策措施，进一步加强成果转化模式与路径的应用性研究，有力且坚定地走出一条具有中国特色的高校科技成果转化之路。

教育评价篇

"双一流"建设背景下行业特色高校
评价体系构建的思考

程孝良　王　众

针对不同类型、不同规模、不同发展基础的高校实施分类评价、动态评价、诊断评价是大学评价的必然趋势，也是教育评价研究的热点和难点。围绕行业特色高校评价的认识论、本体论、方法论问题，尝试构建一套"动态监测—预警诊断—反馈改进"三位一体的评价体系。首先，厘清行业特色高校评价的现实和理论意义，解决为什么评的认识论问题；其次，构建"内涵特征—条件特征"识别准则，厘定行业特色高校的特点及在"双一流"监测评价中的特殊性，明确评价目标及原则，解决评什么的本体论问题；最后，通过对行业特色高校评价指标、评价方法、评价结果等要素的探讨，提供集评价规则、指标体系、技术标准、操作规程于一体的系统化解决方案，解决怎样评的方法论问题，丰富中国特色的大学评价制度。

一　引言

行业特色高校是指"我国高等教育管理体制改革以前隶属于中央政府部门、具有显著行业办学特色与突出学科群优势的高等学校"，它们"依托行业而产生，服务行业而发展"，通过产教协同向社会输送了大批优秀人才，通过校企融合取得了众多领先科技成果，为国家经济社会发展和产业转型升级做出了突出贡献。进入新时代，全球新一轮科技革命和产业变革与我国经济结构转型、发展方式转变、发展重心转移、发展动能转换形成历史性交汇，必将引发世界政治经济格局的深度调整，颠覆传统产业的形态、分工和组织方式。"双一流"建设是党中央审时度势、慎重抉择的重大战略决策，其提出必将对中国高等教育的格局和发展产生重大影响。

作为"双一流"建设的重要组成部分和行业发展的开拓者和主力军，行业特色高校被赋予了实现高等教育内涵式发展、支撑行业高质量发展等更高的期望和使命。大学评价作为高等教育管理闭环的"调节阀"，是"如何办好高质量大学"的"指挥棒"，科学的评价体系不仅是检验高校发展改革成效的重要工具，也是高校治理体系改革的外驱力。针对不同类型、不同规模、不同发展基础的高校开展分类评价、动态评价、诊断评价是大学评价的必然趋势。然而，受西方评价理论影响，我国现行通用评价指标导致行业特色高校同质化、功利化、指标化，在一定程度上促使行业特色高校贪大求全，导致部分行业特色高校学科优势退化、行业特色淡化、支撑引领弱化。

2020年10月，中共中央、国务院印发《深化新时代教育评价改革总体方案》，对推进教育评价改革提出了明确要求和总体部署。为回应社会关切，充分发挥行业特色高校在服务产业转型升级和国家创新发展方面的保障作用，十分有必要针对行业特色高校特点，构建一套集监测、诊断和改进功能于一体的评价体系，引导行业特色高校内涵发展和特色发展，同时全方位展示其建设成效。基于认识论、本体论、方法论，融通中外大学评价理论，推进核心评价指标的中国化、行业化，阐明建立行业特色高校评价体系的理论及现实意义，建立

"内涵特征—条件特征"双维度的行业特色高校识别标准，构建"动态监测—预警诊断—反馈改进"三位一体的评价体系，尝试回答"为什么评""评什么""怎么评"等问题，为"双一流"建设背景下行业特色高校的评价提供集评价规则、指标体系、技术标准、操作规程于一体的系统化解决方案，丰富具有中国特色的大学评价制度。同时充分发挥"指挥棒"作用，引导行业特色高校"准确识变、科学应变、主动求变"，回应并引领新一轮科技革命与产业变革。

二 为什么评：构建完善行业特色高校评价体系的意义

（一）现实意义

一是有助于客观反映行业特色高校建设成效，引导其内涵发展。行业特色高校在学科专业设置、人才培养、科学研究、服务面向等方面具有特殊性，现有评价体系一方面难以客观展示其办学成效，另一方面设置了与行业特色高校契合度不高或无关的评价指标，不仅让高校"难堪"，甚至误导其拼命补齐所谓短板。同时，为适应管理体制改革和高等教育大众化变革，大多数行业特色高校出现了"办学定位趋同、行业特色淡化、学校规模急速扩大"的倾向。进入新时代，注重规模的传统外延式发展模式已经不适应我国高等教育发展的需要。厘清行业特色高校的特点，构建相应的评价体系，有助于纠正现有评价导向，客观反映行业特色高校的建设成效，引导其办出特色、克服同质化倾向，成为高等教育改革发展的推动者和示范区，支撑高等教育的内涵建设。

二是有助于推动行业特色高校更加贴近行业需求，加快推动产业转型升级。行业特色高校源于行业，其人才培养、科学研究、社会服务也都根植于行业，没有行业特色高校的高质量发展，产业升级和经济高质量发展将失去动力。研究和建立一套完善的中国行业特色高校评价标准与评价体系，充分发挥"指挥棒"作用，有助于引导行业特色高校更加聚焦行业、服务行业，努力成为行业发展的开拓者和主力军，为国家经济社会发展做出更大贡献，促进产业转型升级和国家创新发展。

三是有助于完善"双一流"评价体系，加快形成中国特色大学评价系统。"双一流"建设是党中央审时度势做出的重大战略决策，构建具有中国特色的多元评价体系，是适应新时代高等教育新发展，保障"双一流"建设顺利实施的有力举措。行业特色高校不仅是我国高等教育体系的重要组成部分，也是"双一流"建设的主力。以行业特色高校为切入点，探索构建分类评价、动态评价制度，克服唯论文、唯职称、唯学历、唯奖项的顽瘴痼疾，进一步完善中国特色"双一流"建设评价体系，加快形成中国特色大学评价制度，为一流大学评价贡献中国方案。

（二）理论价值

大学评价和排行从 20 世纪 80 年代开始在全球兴起，逐渐形成了以 ARWU、THE、QS、US News 为代表的全球大学评价体系和以武书连、校友会、软科为代表的国内大学评价体系。随着研究的深入，学界发现上述评价体系存在一定缺陷：评价指标往往采用"易测度"而非"适合"的指标，如偏向于采用容易量化的科研指标，而忽略人才培养质量等难以量化的指标；数据采集不准确、文献计量不科学、指标权重确定较为随意等，造成评价结果稳健性不足；评价结果受制于学校规模和学科结构，现行大学评价体系利于规模大、办学时间长、以理工和医学为主的大学；现有大学评价体系仅提供产出信息，没有考虑投入产出比，即办学效率，忽略了大学获得或拥有的资源。

分类指导和分类评价被作为医治高校评价的一剂药方，在学界受到广泛讨论，分类评价思想的提出进一步深化了人们对当前我国高校教学评价的认识和理解①。尽管有学者意识到分类评价的重要性，开始聚焦行业特色高校，尝试构建相应的评价体系②，但总的来说，相关研究还比较零散，未能就行业特色高校一流大学建设评价形成系统化的解决方案。此外，对高校的评价还存在"评价主体集中于政府与市场、评价目标倾向于问责而非改进、评价理念偏重院校的资源和声誉"等问题，一定程度上也造成了高校重科研轻教学，追求"短平快"的功利化发展，忽略长远发展③。有学者提出，目前大学评价根植于西方知识体系之中的评价理论，并不切合我国实际，而高等教育监测评价理论产生和根植于各阶段的评价理论，是对传统评价理论的发展和超越，体现了大数据时代对教育评价的新诉求，为创新高等教育评价提供了理论基础④。

总之，已有成果尚未真正厘清新时代背景下行业特色高校的特点，缺乏一套体现行业特色高校特点、具有中国特色的指标体系，更缺少一套合适的评价方法和实施规程。若能融合分类评价理论和动态监测评价理论，针对行业特色高校的特点，充分考虑指标设置的全面性、评价方法的合理性、评价结果的稳健性，体现行业特色高校的"源"与"流"，构建一套科学的评价体系，则能有效弥补相应的理论缺口，完善大学评价的相关理论及方法。

---

① 周廷勇，王保华.关于高校分类评估的几个理论问题［J］.高等教育研究，2011（4）：37-41.

② 闫俊凤.行业特色高校综合评价指标体系的构建［J］.江苏高教，2013（2）：106-107.

③ 姜华，苏永建，刘盛博，等."双一流"背景下构建高校评价体系的思考［J］.中国高校科技，2018（7）：7-11.

④ 王战军，刘静，乔刚.清理"四唯"呼唤"双一流"建设评价创新［J］.中国高等教育，2019（1）：16-19+26.

三 评什么：行业特色高校的特征与评价目标及原则

（一）行业特色高校的特征及识别

行业特色高校评价的实质是分赛道竞争、分类别评价，但首先必须准确识别行业特色高校的特征。从"内涵特征"和"条件特征"两个方面来剖析行业特色高校的特点，为精准识别行业特色高校奠定基础。

1. 内涵特征

人才培养、科学研究、社会服务、文化传承创新是高校的四大基本职能。行业特色高校因为其独特性，四大职能也与普通高校有区别。

（1）人才培养。行业特色高校有突出实践、强调应用、注重服务的传统，学生知识能力结构贴近行业需求，是行业领域高层次人才培养的主要基地。其多年来培养的大量毕业生都活跃在原行业领域，成为行业领域的管理中坚和技术骨干，使学校与行业发展血脉相连。如成都理工大学培养的以多吉院士、王成善院士等为代表的一大批杰出校友已成为相关行业的领军和骨干技术人才。据不完全统计，学校培养了我国地质、矿产、石油勘探队伍中近50%、核工业地质勘查队伍中近30%的技术骨干。

（2）科学研究。行业特色高校是行业科技进步的重要技术支撑，其教师都有着深厚的行业背景和行业情怀，他们更加熟悉行业的生产实际和操作流程，科学研究更加贴近企业的生产一线和科学技术的前沿。如成都理工大学发挥独特地缘优势，实施珠峰科学研究计划，以青藏高原及周缘为研究背景，长期开展青藏高原及周缘原—山—盆系统形成演化与地球动力学，青藏高原及周缘矿产资源成矿规律、勘探及开发利用，青藏高原周缘盆地构造—沉积分异作用与油气分布规律，以及青藏高原及周缘地质灾害防控及生态环境评价与修复四个方向的基础和应用基础研究。通过凝练关键科学问题，开展多学科交叉的联合攻关研究和国内外合作交流，举全校之力开展长期持续和深入系统的科学研究，构筑科学研究"高地"，打造科学研究"高峰"，全面提升学校科研水平和服务国家重大战略需求的能力。

（3）社会服务。行业特色高校为行业发展持续提供专家咨询和高新技术服务，得到行业和社会广泛认可。如成都理工大学扎根西部、服务国家战略和区域重大需求，参与和介入了我国西部几乎所有大型、特大型水利水电的工程建设，参与了四川省几乎所有山区高速公路、铁路及机场工程建设，建立了覆盖四川、云南、贵州、重庆、西藏、青海等的全天候地质灾害实时自动监测预警系统，预测和成功处置了一大批重大泥石流、滑坡等地质灾害，保障了 50 余座城镇和数万人的生命安全，2006 年、2015 年两度独立获得国家科技进步奖一等奖。

（4）文化传承创新。在办学历程中行业特色高校将行业精神融入学校精神，塑造了独特的校园文化，形成学校高质量发展的灵魂和文化名片。如成都理工大学在 60 多年办学历程中，传承了"三光荣、四特别"的地矿行业精神和珠峰攀登精神，逐步形成了"艰苦奋斗、奋发图强"的优良传统、"不甘人后、敢为人先"的进取精神、"穷究于理、成就于工"的治学理念，它们被广大师生代代承传，成为学校师生做人、做事、做学问的基本准则和校园文化的精髓。

2. 条件特征

条件特征是内涵特征的延伸和具体化，行业特色高校与一般高校的区别主要体现在办学历史、学科专业设置、课程及教材建设、实践教学体系建设、毕业生行业就业情况等方面。

（1）办学历史。从时间跨度来看，行业特色高校大多具有悠长的办学历史，最早可追溯到 20 世纪 50 年代。行业特色高校发轫于国家成立之初，为适应国民经济发展的需求，全面学习苏联的办学模式，由综合性大学变为行业特色型大学，如今行业特色高校已经走过几十年的风雨历程，为新中国的工业化、现代化等各个方面打下了坚实的基础并做出了卓越贡献。从主管部门的变更来看，行业特色高校原隶属于行业部门主管，后划转教育部或地方政府管理[①]。如成都理工大学曾先后由地质部、地质矿产部、国土资源部直属，2000 年划转地方管理，2010 年成为国土资源部与四川省人民政府共建高校。

（2）学科专业设置。行业特色高校的学科专业主要围绕行业的产业链而设置，在长期办学过程中已形成与行业紧密联系的学科专业体系和学科优势。从学科类型来看，行业特色高校可分为农林类、医药类、产业类、资源类、语言类、体育艺术类与财经政法类等；从领域细分来看，行业特色高校涉及地质、矿产、医药、农业、林业、水利、电力、财经、通信、化工、建筑、交通等多个领域，还包括一批与文化、艺术、体育、财经、政法等社会事业紧密相关的领域；从学科专业水平来看，行业特色高校一些具有行业特色的优势学科的综合实力和竞争能力达到国内甚至国际先进水平，在国内外有较大的学术影响，如电子科技大学（原成都电讯工程学院）的电子、信息学科，西南交通大学（原唐山铁道学院）的轨道交通学科，成都理工大学（原成都地质学院）的地球科学学科，成都信息工程大学（原成都气象学院）的气象学科。

（3）课程及教材建设。行业特色高校的课程设置紧紧面向行业需求，精准为行业提供智力供给，着重构建以本行业、本系统为核心的课程结构体系和框架，因而行业企业深度参与行业特色高校的课程建设，特别是教材开发。如西南交通大学"高速铁路运输组织"、电子科技大学"微电子器件"、成都理工大学"工程地质分析原理"被认

---

① 陈益刚，欧阳恺颖，白宇 . 高水平行业特色型大学的概念、特征与指向辨析 [J]. 高等教育评论，2015（1）：70-81.

定为首批国家一流本科课程。以成都理工大学为例，地质教育家李唐泌编写的《矿床学》教材被视为国内地质院校圭臬，我国第一代沉积地质大师刘宝珺院士和曾允孚教授出版了我国第一部《沉积岩石学》教材，我国第一代放射性地质大师金景福教授出版了我国第一部《铀矿床学》教材，我国第一代工程地质大师张倬元教授等编写的《工程地质分析原理》获评国家级精品教材。

（4）实践教学体系建设。行业性特色高校定位于向行业培养专业性的应用型人才，需具有丰富扎实的理论功底和解决行业发展实际问题的能力。为此，行业特色高校多瞄准行业发展需要，构建集实践性、系统性、开放性于一体的实践教学体系。如成都理工大学从成都地质勘探学院阶段开始，先后建设了马角坝生产实习基地、安县小渔洞实习基地、峨眉山野外地质认识实习基地等。近年来，更是通过政府主导、学校推动、产研部门支持、学会联络的多方协同方式，构建了地学本科人才实践能力培养新体系与新范式，很好地解决了新形势下学校地学人才实践能力的培养问题，保持并显著提升了学校地学专业学生的实践能力；学校峨眉山野外地质认识实习基地和马角坝生产实习基地双双入选"中国十大地质实习基地"。

（5）毕业生行业就业情况。培养行业人才是行业特色高校的主要目的之一，行业特色高校为本行业、本系统输送了大批的行业骨干和领军人物，形成了行业特色高校与行业水乳交融、携手共进的局面。以成都理工大学为例，该校向社会输送的众多毕业生，在国土资源、地质勘查、石油等行业为我国经济建设和社会发展做出了突出贡献，如国家登山队原副政委、突击队原队长邬宗岳，生态环境部部长、两次获得国家科技进步奖一等奖的黄润秋，国务院国资委第一届监事会主席、大庆石油管理局原局长丁贵明，中国首次南极越冬考察队队长颜其德，中国大洋科考史上第一位女首席科学家韩喜球等，核工业地质勘查系统约30%的技术骨干和负责人也毕业于该校。

（二）行业特色高校的评价目的与理念

对行业特色高校具体评什么，主要体现在评价目的和评价理念之中。

1. 评价目的

（1）服务大局。通过构建科学的行业特色高校评价指标，进一步丰富具有中国特色的大学评价制度，全方位展示行业特色高校的办学成效，引导其走高质量内涵式发展之路，服务我国高校"分类发展、办出特色、争创一流"的大局。

（2）服务高校。突出评价的诊断与改进功能，通过评价帮助行业特色高校对标对表、精准研判其建设的成效与不足，从而促进行业特色高校高质量发展，提高服务国家重大战略需求、引领行业高质量发展的能力。

（3）服务社会。通过"综合指数"和"用户画像"等方式全方位展示评价结果，满足社会、行业等对行业特色高校办学成效的知情需求，为利益相关者了解和分析行业特色高校信息提供服务。

2. 评价理念

（1）强化立德树人。坚持守正创新，以"立德树人成效"为根本标准，以"质量、成效、特色、贡献"为价值导向，以"定量与定性评价相结合"为基本评价方法。

（2）彰显中国特色。立足我国国情和行业特色高校实际，拟设置行业显示度、行业贡献度、行业支撑度、行业引领度和行业认可度五个一级指标，树立中国标准，彰显中国特色。

（3）突出行业特点。针对行业特色高校的特点，将人才培养、科学研究、社会服务、文化传承创新等通用指标置于新时代行业特色高校发展坏境中并予以再定义、再赋值、再充实，使之中国化、行业化。开展行业特色高校建设一流大学评价，实现世界标准和行业特点相结合、增量与存量相结合、学术水平与服务效果相结合、投入与产出相结合。

（4）强调以评促建。坚持在"评"上做好文章、为"管"提供依据、为"办"提供服务的理念，改变"为评而评、只重结果、一评了之"的传统做法，将评价工作重心聚焦评价数据采集与挖掘、问题梳理分析与对策研究，既解决通用性评价指标导致的高校同质化、功利化、指标化等问题，更要通过评价发现问题，引导和促进我国行业特色高校分类发展、特色发展。

四　怎么评：行业特色高校的评价思路与策略

（一）评价指标体系构建

1. 评价标准探构

对评价目的和理念进一步细化，重点从行业特色高校依托行业、服务行业、支撑行业转向行业特色高校带动行业、引领行业高质量发展的角度来设计评价指标，如：在办学定位方面，是否突出行业特色；在人才培养方面，是否培养了行业需要的高素质人才；在科学研究方面，是否以解决行业难题为导向，在基础及应用研究、成果转化方面取得突出成果；在社会服务方面，是否能为行业发展持续提供专家咨询和高新技术服务，并得到行业和社会广泛认可；在文化传承创新方面，是否将行业精神融入学校精神，塑造独特的校园文化。

2. 评价指标筛选

根据评价标准，秉持"效率"评价原则，基于目前已有的评价体系（如学科评估、"双一流"动态监测、本科教学工作审核评估、影响较为广泛的第三方评价排行榜等），以及行业特色高校特点，收集当前国内外最具影响力的大学评价指标，同时访谈、调研有关高校的发展规划专家等，力争博采众长，使评价指标尽可能全面、可操作。

3. 指标体系构建

对于"双一流"评价，有学者提出从"达成度、贡献度、引领度、支撑度和满意度"五个维度构建评价指标体系①。借鉴这一思路，拟以行业显示度、行业贡献度、行业支撑度、行业引领度和行业认可度为一级指标。

（1）行业显示度。主要包含行业重点学科、行业一流专业、行业特色金课（含虚拟仿真实验项目）、行业精品教材、行业实践教学基地、行业教学科研奖励、双师型教师占比等指标和观测点。

（2）行业贡献度。主要包含行业特色高校毕业生在行业内就业的规模及其占比、与行业相关的科研及成果应用的规模及其占比等指标和观测点。

（3）行业支撑度。主要包含行业特色高校毕业生满足行业需求情况、服务国家重大战略需求情况、通过制定行业标准支撑行业发展情况等指标和观测点。

（4）行业引领度。主要包含行业特色高校拔尖创新人才培养引领行业发展情况、重大科技成果引领行业发展情况、校园文化传承创新行业特色文化情况等指标和观测点。

（5）行业认可度。主要包含行业主管部门和行业企业对毕业生首岗适应能力的满意率、对高校科研水平的认可度、对成果转化应用的认可度、对校园文化传承创新的认可度等指标和观测点。

在一级指标初步拟定的基础上，通过咨询专家，对初步构建的指标体系进行分析、修改、完善。然后，根据选定的评价标准及指标，用李克特 5 点式量表形式将二级指标制作成调查问卷，经专家审核后，以行业特色高校专家和学者、政府部门、行业协会/学会、行业企业为咨询对象，发放调查问卷。采用主成分分析和因子分析等统计方法，对问卷结果进行处理，根据结果再次完善选定指标并对指标体系进行信度检验，检验通过后该指标体系方可使用。行业特色高校评

① 王战军，刘静. 构建中国特色评价体系 推进世界一流大学建设［J］. 清华大学教育研究，2018（6）：58-65.

价指标体系构建思路如图 1 所示。

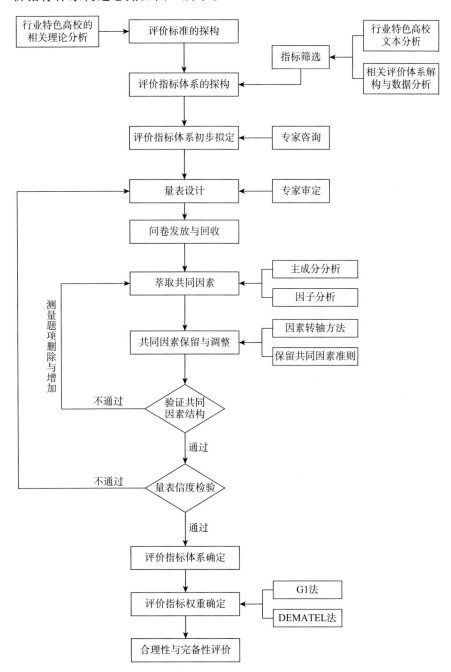

图 1 行业特色高校评价指标体系构建思路

（二）评价方法选择

目前关于高校综合评价的模型和方法较多，如 PCA、DEA、MAUT、ELECTRE、PROMETHEE、TOPSIS 等，但上述方法计算过程较为复杂、计算过程不透明（往往只给出最终评价结果）、非专业人士不易理解。为解决这些问题，拟采用双参考点（Double Reference Point）模型①。该模型的核心在于使用平均线（如全国普通高校均值）和卓越线（如 985 高校均值）两个参考点对单一评价指标进行定位，使得评价者和被评价者可以明晰自身的定位；同时，采用 WCI 和 SCI 两种指数来合成各指标的评价值，避免单一突出指标影响评价结果，掩盖其余指标的问题；最后，双参考点评价方法可以通过图示的形式展示评价结果，能够较好地起到预警作用，也能够给出提升的路径。这与本文尝试构建"动态监测—预警诊断—反馈改进"三位一体的评价体系相得益彰。

使用双参考点模型的评价步骤如下。

（1）确定双参考点。所谓双参考点即用两个基准来测度评价指标，具体如图 2 所示。假设 R_j^1 和 R_j^2 分别为评价指标 j（$j=1$，2，$\cdots$，m）的两个参考点，参考点 1（R_j^1）可以看作及格线或基本线，参考点 2（R_j^2）可以看作平均线或卓越线，通过双参考点的设置就可以对某一指标进行分段描述。

（2）标准化处理。依据指标 j 的最大值、最小值和设定的参考点，对指标 j 进行标准化处理，将其实际值 Q_j 转化为标准值 I_j，$I_j \in$ [-1, 2]。

（3）计算综合指数。根据设定的指标权重，计算每个一级指标和学校整体的弱综合指数（Weak Composite Indicator，WCI）和强综合指

① F. Ruiz, S. EI Gibari, J. M. Cabello, G. Trinidad. MRP-WSCI: Multiple Reference Point Based Weak and Strong Composite Indicators [J]. Omega, 2020, 95: 102060.

数（Strong Composite Indicator，SCI）。WCI 是传统的加权求和结果（$WCI = \sum w_j I_j$），即综合考虑全部因素；SCI 则是不进行加权求和而取合成指标的最小值 $[SCI = \min(I_j)]$，即只考虑最薄弱指标。在此基础上，通过图形将 WCI 和 SCI 联合展示（见图 3），这样就能同时从全局和最薄弱两个维度展示高校的评价结果。从图 3 中可以看出，尽管高校 A 和高校 B 具有相同的 WCI，但是高校 A 整体表现更加均衡，而高校 B 则有明显的短板；高校 B 和高校 C 都有明显的短板，但是高校 B 的 WCI 更高，表明高校 B 的其他指标优于高校 C。

（4）综合分析与评价。设置补偿系数（Compensation Coefficient）λ（$0 \leq \lambda \leq 1$），合成 SCI 和 WCI 后得到混合综合指数（Mixed Composite Indicator，MCI），$MCI = \lambda \times WCI + (1-\lambda) \times SCI$。$\lambda$ 的取值取决于评价者的偏好，即允许其他指标在多大程度上来补偿薄弱指标。最后，根据 MCI 对各评价对象进行排序，此时可以通过调整的 λ 取值来观察各高校排名的变化情况，这样也可以看出各高校的薄弱指标对其整体的影响程度，起到预警作用，同时为单一指标的改善和学校整体评价水平的提升指明了路径。

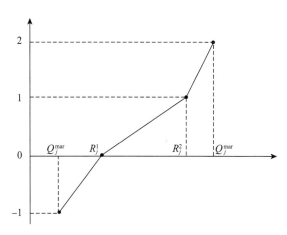

图 2　双参考点设置示意

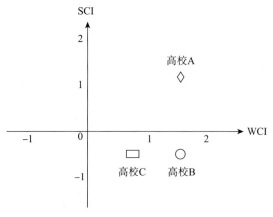

图 3　双参考点评价结果展示

（三）评价结果呈现

采用双参考点模型，对收集的主客观信息进行计算，得到各评价高校的一级指标和学校整体的 WCI 和 SCI 及分档排名。行业特色高校承担了人才培养、学科研究、服务社会和文化传承创新等多重职责，与教师、学生、校友、政府、行业企业、协会等利益相关者联系紧密，这种复杂性决定了评价结果需要多维度呈现，不能简单地用得分或排名来呈现。拟引入大数据领域的"用户画像"概念，从行业显示度、行业贡献度、行业支撑度、行业引领度和行业认可度来多维度呈现评价结果，为利益相关者提供全方位、个性化的精准信息。

（四）评价程序

（1）标准发布。待构建的评价标准和评价指标体系完善后，向社会公布。

（2）数据采集。通过"双一流"监测平台和高等学校本科教学基本状态数据库获取公共数据，再通过参评学校严格按照数据填报标准补充提供其他信息。

（3）数据核实。通过材料核查、公共数据比对、重复数据筛查，对数据进行全面核查，并公示，接受监督。同时，对不能核查的数据进行随机抽查。

（4）开展评价。对行业主管部门、用人单位、教育领域专家等开展大规模网络问卷调查，同时引入第三方机构就业质量评价数据进行"行业认可度评价"；邀请同行专家、行业企业专家对主观指标进行"基于客观事实的主观评价"；邀请海外同行专家和海外行业企业进行国际声誉调查。

（5）结果产生。采用双参考点模型，对收集的主客观信息进行计算，得到各评价高校的一级指标和学校整体的 WCI 和 SCI 及分档排名。

（6）结果公布与运用。坚持"以评促建、以评促改、以评促管"，向参评高校提供以下信息：①本校各指标的参考点值、原始值和标准化值；②本校的 WCI 和 SCI 及分档排名情况；③全部参评学校的 WCI 和 SCI 均值；④本校所处行业亚类（如地矿、冶金、财经、电子）的 WCI 和 SCI 均值。各高校通过反馈的结果可以明晰自己的改进路径，在下一次的评价中进行验证。

五　结语

评价体系是高校发展的"指挥棒"，科学的评价体系是检验行业特色高校改革发展成效的有效工具。针对不同类型、不同规模、不同发展基础的高校开展分类评价、动态评价、诊断评价是大学评价的必然趋势。行业特色高校在我国高等教育体系中地位独特、特色鲜明，是高等教育改革发展的推动者和示范区，肩负着实现高等教育内涵式发展的使命。作为行业专门人才培养的重镇，行业特色高校是行业发展的开拓者和主力军，承担着支撑行业高质量发展的任务，成为我国建设世界一流大学和世界一流学科的重要组成部分。本文以行业特色高校评价的认识论、本体论、方法论为主线，构建"动态监测—预警诊断—反馈改进"三位一体的评价体系，力图从行业显示度、行业贡献度、行业支撑度、行业引领度和行业认可度多维度来反映行业特色高校的建设成效，从历史、当下及未来时空发展的多尺度评价行业特色高校的发展态势。该评价指标体系的构建，既能动态化、全方位展示行业特色高校的建设成效，又注重诊断发现行业特色高校存在的显性和隐性问题，为科学评价行业特色高校一流大学建设成效提供了可视化、可度量、可操作、可推广的评价指标体系。

对行业特色高校关键因子识别及"双一流"建设评价的思考

程孝良　　王　众

如何通过分类评价、动态评价、诊断评价来促进行业特色高校高质量发展，是当前学界研究的热点和难点问题。围绕行业特色高校"双一流"建设评价的认识论、本体论、方法论，运用因子分析法，建立"条件特征—表征特征—内涵特征"三维一体的行业特色高校关键因子识别准则，厘清行业特色高校的特点及在"双一流"监测评价中的特殊性，解决行业特色高校评价的认识论问题。运用双参考点模型评价方法，构建"动态监测—预警诊断—反馈改进"三位一体的评价体系，解决行业特色高校评价的本体论问题。通过对行业特色高校评价程序、评价方法、评价结果发布等要素的研究，提供集评价规则、指标体系、技术路径、操作规程于一体的系统化解决方案，解决行业特色高校评价的方法论问题。丰富中国特色大学评价制度，为一流大学评价贡献中国方案。

一　问题的提出

行业特色高校特指"我国高等教育管理体制改革以前隶属于中央

政府部门、具有显著行业办学特色与突出学科群优势的高等学校"①。它们因民族自立而生，因社会主义工业化需求而强，为国家经济社会发展和产业转型升级做出了突出贡献，成为我国"双一流"建设和高等教育强国战略的重要组成部分。进入新时代，全球新一轮科技革命和产业变革与我国经济结构转型、发展方式转变、发展重心转移、发展动能转换形成历史性交汇，必将引发世界政治经济格局的深度调整，颠覆传统产业的形态、分工和组织方式。为此，行业特色高校必须"准确识变、科学应变、主动求变"，回应并引领新一轮科技革命与产业变革。

科学的评价体系是检验行业特色高校改革发展成效的有效工具。评价体系是国家政策和社会关切的体现，是行业特色高校制定发展战略、创新治理模式、完善治理体系的"指挥棒"和"调节阀"。评价结果是行业特色高校在一定发展时期内发展战略、治理体系与治理能力建设的"晴雨表"，也是其制定发展战略的重要参考和治理体系改革的外部驱动力。针对不同类型、不同规模、不同发展基础的高校开展分类评价、动态评价、诊断评价是大学评价的必然趋势。然而，受西方评价理论影响，我国现行通用评价指标导致行业特色高校同质化、功利化、指标化，在一定程度上促使行业特色高校贪大求全，导致学科优势退化、行业特色淡化、支撑引领弱化。因此，有必要围绕立德树人根本任务，针对行业特色高校特点，构建集监测、诊断和改进功能于一体的评价体系，引导行业特色高校扎根中国大地，内涵发展、特色发展、协同发展、开放发展、创新发展、高质量发展，建设中国特色、世界一流的大学。

本文针对现行通用评价指标导致的行业特色高校同质化、功利化、指标化的问题，围绕行业特色高校一流大学建设评价的认识论、

---

① 钟秉林，王晓辉，孙进，等. 行业特色大学发展的国际比较及启示 [J]. 高等工程教育研究，2011（4）：4-9+81.

本体论、方法论，尝试回答什么是行业特色高校、如何科学评价行业特色高校等问题。在理论上，融通中外大学评价理论，推进核心评价指标的中国化、行业化，进一步丰富"中国特色、世界一流"的大学评价理论与方法。在实践上，建立"内涵特征—表征特征—条件特征"三维一体的识别标准，精准识别行业特色高校；构建"动态监测—预警诊断—反馈改进"三位一体的评价体系，为新时代行业特色高校一流大学建设评价提供集评价规则、指标体系、技术标准、操作规程于一体的系统化解决方案，丰富具有中国特色的大学评价制度，为一流大学评价贡献中国方案，为国家"双一流"建设动态调整与评价提供决策参考。

二 文献回顾

（一）大学评价的兴起

大学评价可以追溯到 1964 年英国成立的全国学位授予委员会（CNAA）开展的质量监控及评价[①]。20 世纪 80 年代以后，大学评价和排名开始在全球兴起，全球主要国家均推出了大学评价体系，其中以 ARWU、THE、QS、US News 最为著名，被称为"世界四大评价体系"。20 世纪 90 年代，我国一些机构与团体开始尝试对国内大学进行评价和排名，其中影响力较大的有中国大学评价、中国网大排行榜、中国校友会大学排行榜，中国科教评价网中评榜等。不同评价体系因指标设计、数据采集、评价方法不同，评价结果差异较大。

（二）对大学评价的质疑与建议

随着研究的深入，学界及社会对大学评价产生了一些质疑并提出

---

① 岳文娟，孙长青. 基于大学排名评价体系的世界一流大学建设研究 [J]. 河南大学学报（社会科学版），2019，59（3）：122-127.

了改进建议。

（1）评价指标偏重科研成果。多数评价体系使用的指标往往是"易测度"而非"适合"的指标，如偏向于采用容易量化的科研指标，而忽略人才培养质量等难以量化的指标，造成以下问题：评价结果间缺乏一致性，排名越靠后的学校排名波动越大[①]；评价结果有利于规模大和历史悠久的高校，导致决策偏差[②]；高校轻视"人才培养"工作[③]。

（2）评价结果稳健性不足。评价结果往往以分数或名次体现，涉及统计、信息和决策等多种理论，相关信息和结果的有效性、可靠性和可比性都会引发一系列技术问题[④]。此外，还存在数据采集不准确[⑤]、文献计量不科学[⑥]、指标权重确定较为随意等具体问题[⑦]。对此，有学者提出使用多指标呈现结果[⑧]。

（3）评价结果受制于大学规模和学科结构。在现行大学评价体系下，学科结构的差异会带来评价结果的不同，有利于规模大、办学时间长、以理工和医学为主的大学[⑨]。因此有学者指出，规模不等同于水平，

① M. Saisana, B. D'Hombres, A. Saltelli. Rickety Numbers：Volatility of University Rankings and Policy Implications [J]. Research Policy, 2011 (40)：165-177.

② L. Cremonini, D. F. Westerheijden, J. Enders. Disseminating the Right Information to the Right Audience：Cultural Determinants in the Use (and Misuse) of Rankings [J]. Higher Education, 2008 (55)：373-385.

③ 胡咏梅. 中美大学排行榜的对比分析 [J]. 比较教育研究, 2002 (8)：44-48.

④ R. Bowden. Fantasy Higher Education：University and College League Tables [J]. Quality in Higher Education, 2000, 6 (1)：41-60.

⑤ 彭灿.《中国大学评价》质疑——兼与武书连先生商榷 [J]. 科学学与科学技术管理, 2000 (12)：11-14.

⑥ A. F. J. van Raan. Fatal Attraction：Conceptual and Methodological Problems in the Ranking of Universities by Bibliometric Methods [J]. Scientometrics, 2005, 62 (1)：133-143.

⑦ D. Provan, K. Abercromby. University League Tables and Rankings [J]. Research in Higher Education, 2000, 45 (5)：443-461.

⑧ T. van Leeuwen, M. Visser, H. Moed, T. Nederhof, A. van Raan. The Holy Grail of Science Policy：Exploring and Combining Bibliometric Tools in Search of Scientific Excellence [J]. Scientometrics, 2003 (57)：257-280.

⑨ S. Hemlin. Research on Research Evaluations [J]. Social Epistemology, 1996, 10 (2)：209-250.

大学评价应分类别、分层次进行,各类指标体系也应当有所区分①。

(4)缺少办学效率指标。一些学者认为,现有大学评价体系仅提供产出信息,没有考虑投入产出比,即办学效率,忽略了大学获得或拥有的资源,因此大学评价应是"效率"评价而非产出评价②。

(三) 大学评价的发展

(1)在评价对象上,开始尝试构建分类评价体系。有学者基于"学术类、专业类、职业类"的高校分类方法,构建了专业类高校的评价标准和指标体系③。还有学者定量分析了影响行业特色高校发展的因素,构建了相应的评价指标体系④。"双一流"建设启动以后,"构建具有中国特色的大学评价体系"受到越来越多的关注,以王战军、刘庆红、刘瑞儒、姜华等为代表的学者,围绕"双一流"评价开展了深入研究,取得了丰硕的成果。

(2)在评价指标上,更加强调投入产出和发展性指标。对于大学评价的批评之一就是忽略了投入,一些学者开始探讨哪些指标可以视为"投入",从而构建"投入产出"指标体系⑤。此外,还有学者在评价中关注学校的动态变化和长期趋势,设置了"发展性"指标⑥。

---

① G. Buela-Casal, O. Gutierrez-Martinez, M. Bermudez-Sanchez, O. Vadillo-Mugnoz. Comparative Study of International Academic Rankings of Universities [J]. Scientometrics, 2007, 71 (3): 349-365.

② L. Cremonini, D. F. Westerheijden, J. Enders. Disseminating the Right Information to the Right Audience: Cultural Determinants in the Use (and Misuse) of Rankings [J]. Higher Education, 2008 (55): 373-385.

③ 陈厚丰, 陈艳椿, 李海贵. 我国专业类高校评价标准与指标体系构建 [J]. 高教学刊, 2015 (19): 16-18+21.

④ 闫俊凤. 我国行业特色高校发展战略研究 [D]. 北京: 中国矿业大学, 2014.

⑤ X. Y. Zhao, J. L. Liu. Evaluation on University Research Output-input Efficiency Based on DEA and Malmquist Index [J]. Journal of UESTC (Social Sciences Edition), 2013, 15 (3): 94-100.

⑥ D. Lan, Z. Yao. Evaluation of Chinese Higher Education by TOPSIS and IEW—The Case of 68 Universities Belonging to the Ministry of Education in China [J]. China Economic Review, 2015 (36): 341-358.

（3）在评价方法上，更加强调科学性与合理性。大学评价是一个典型的多属性决策（MCDM）问题，有学者开始使用一些先进的评价方法和模型来替代传统的主观赋权与加权求和的方法，如 DEA、SFA、COPRAS、TOPSIS、双参考点法等。

从现有文献看，已有学者认识到分类评价的重要性，并开始聚焦行业特色高校构建相应的评价体系，但仍存在一些不足。在评价理念上，现有评价多以约束性指标为导向，忽略投入产出的效率指标和体现增量的发展性指标，存在为评而评、只重结果的问题。在研究内容上，现有成果主要运用通用性评价指标展开分析，未能将其融入新时代行业特色高校的办学环境中，使之中国化、行业化，缺少针对行业特色高校特点的专门研究。在研究方法上，有关行业特色高校特点的研究多采用定性描述方法，利用文本挖掘与数据挖掘等方法从多维度深度剖析行业特色高校特点的系统研究比较少见。总之，已有研究尚未真正厘清新时代行业特色高校的特点，缺乏一套具有中国特色、体现行业特点的评价指标体系，更缺少一套科学量化的评价方法和可操作的实施规程。

三　精准识别行业特色高校关键因子

行业特色高校评价的实质是分赛道竞争、分类别评价，其前提是准确识别行业特色高校。应建立一套"条件特征—表征特征—内涵特征"三维一体的行业特色高校识别准则，从而精准识别并量化表征行业特色高校的显著特点。

（一）行业特色高校的条件特征

条件特征是评价行业特色高校的判别准则，包括办学历史、学科专业、课程教材、实践教学体系、毕业生行业就业率等。

条件特征之一：办学历史。从时间跨度来看，行业特色高校大多具有悠长的办学历史，最早可追溯到 20 世纪 50 年代。行业特色高校发轫于国家成立之初，为适应国民经济发展的需求，全面学习苏联的办学模式，由综合性大学变为行业特色型大学，如今行业特色高校已经走过几十年的风雨历程，为新中国的工业化、现代化等各个方面打下了坚实的基础并做出了卓越贡献。从主管部门的变更来看，行业特色高校原隶属于行业部门主管，后划转教育部或地方政府管理。如成都理工大学曾先后由地质部、地质矿产部、国土资源部直属，2000 年划转地方管理，2010 年成为国土资源部与四川省人民政府共建高校。

条件特征之二：学科专业。从学科类型来看，行业特色高校可分为农林类、医药类、产业类、资源类、语言类、体育艺术类与财经政法类等。从领域细分来看，行业特色高校涉及地质、矿产、医药、农业、林业、水利、电力、财经、通信、化工、建筑、交通等多个领域，也包括一批与文化、艺术、体育、财经、政法等社会事业紧密相关的领域。如成都理工大学目前已经形成了以理工为主、地学为优势的学科群和学校整体发展规划布局。

条件特征之三：课程教材。课程建设要围绕行业开展，展现清晰的办学定位，精准地为行业提供智力供给，着重构建以本行业、本系统为核心的结构体系和框架。此外，行业特色高校的发展离不开行业的大力支持，课程和教材开发需要行业参与，课程实施需要行业指导。如在成都理工大学，地质教育家李唐泌编写的《矿床学》教材被视为国内地质院校圭臬，我国第一代沉积地质大师刘宝珺院士和曾允孚教授出版了我国第一部《沉积岩石学》教材，我国第一代放射性地质大师金景福教授出版了我国第一部《铀矿床学》教材，我国第一代工程地质大师张倬元教授等编写出版了《工程地质分析原理》教材。

条件特征之四：实践教学体系。行业特色高校定位于向行业培养专业性的应用型人才，需具有丰富扎实的理论功底和解决行业发展实际问题的能力。为此，专业设置要瞄准行业发展需要，行业人才培养定位要服务于行业，师资队伍建设要深入行业，形成一个实践性、系统性、开放性的实践教学体系。如成都理工大学从成都地质勘探学院阶段开始，先后建设了马角坝生产实习基地、安县小渔洞实习基地、峨眉山野外地质认识实习基地等。近年来，通过政府主导、学校推动、产研部门支持、学会联络的多方协同方式，构建了校内认知实践教学平台、野外实习实训教学平台、校外创新实践教学平台，培养地学本科人才地质认知能力（在野外认识地层构造、矿物岩石、古生物的能力）、地质实践能力（按行业规范完成地质调查等专业工作的能力）、地质创新能力（发现问题并解决问题的能力），以地质技能竞赛检验地质实践能力培养水平，很好地解决了新形势下学校地学人才实践能力的培养问题，保持并显著提升了学校地学专业学生的实践能力。学校实践教学基地在满足本校地学专业和非地学专业实习的同时，还向中国地质大学、西北大学等高校开放。2014 年至 2022 年，学校已经接待中国地质大学、吉林大学、西北大学、香港大学等 28 所高校的师生来学校开展联合组队实习。

条件特征之五：毕业生行业就业率。行业特色高校建立之初主要目标是服务于特定行业，行业特色高校为本行业、本系统输送了大批行业骨干和领军人物，为经济发展和社会建设提供了强有力的智力支持和人才支撑，形成了行业特色高校与行业水乳交融、携手共进的局面。如成都理工大学向社会输送的众多毕业生，在中央和地方各级政府、部门，以及国土资源、地质勘查、石油（能源）等行业，为我国经济建设和社会发展做出了突出贡献，其出色业绩受到社会的普遍认可。他们中有国家登山队原副政委、突击队原队长邬宗岳，生态环境部部长、两次获得国家科技进步奖一等奖的黄润秋，国务院国资委第一届监事会主席、大庆石油管理局原局长丁贵明，中国首次南极越冬考察队队长颜其德，全球华裔经济学家查涛，攻克国际数学界著名难题 Dwork 猜想的英雄少年万大庆，中国大洋科考史上第一位女首席科学家韩喜球，中国知名互联网企业知乎创始人兼 CEO 周源等。

（二）行业特色高校的表征特征

表征特征是评价行业特色高校办学成效的量化指标。根据行业特色高校的特点可将其具体化为行业显示度、行业贡献度、行业支撑度、行业引领度和行业认可度。

表征特征之一：行业显示度。行业显示度包括行业特色高校的行业类重点学科、行业类一流专业建设、行业特色金课（含虚拟仿真实验项目）、行业精品教材、行业实践教学基地、行业教学科研奖励、双师型教师占比等指标和观测点。

表征特征之二：行业贡献度。行业贡献度包括行业特色高校毕业生在行业内就业的规模及其占比，与行业相关的科研及成果应用的规模及其占比等指标和观测点。

表征特征之三：行业支撑度。行业支撑度包括行业特色高校毕业生满足行业需求情况、服务国家重大战略需求情况、通过制定行业标准支撑行业发展情况等指标和观测点。

表征特征之四：行业引领度。行业引领度包括行业特色高校拔尖创新人才培养引领行业发展情况、重大科技成果引领行业发展情况、校园文化传承创新行业特色文化情况等指标和观测点。

表征特征之五：行业认可度。行业认可度包括行业主管部门和行业企业对毕业生首岗适应能力的满意率、对高校科研水平的认可度、对成果转化应用的认可度、对校园文化传承创新的认可度等指标和观测点。

（三）行业特色高校的内涵特征

内涵特征是评价行业特色高校办学成效的根本标准。内涵特征指行业特色高校学科专业、师资队伍、人才培养、科学研究、社会服务、文化传承创新等方面的特征。

内涵特征之一：独具优势特色的学科专业设置。行业特色高校的学科专业主要围绕行业的产业链而设置，在长期办学过程中已形成与行业紧密联系的学科专业体系和学科优势，一些具有行业特色的优势学科的综合实力和竞争能力达到国内甚至国际先进水平，在国内外有较大的学术影响。如电子科技大学（原成都电讯工程学院）的电子、信息学科，西南交通大学（原唐山铁道学院）的轨道交通学科。成都理工大学（原成都地质学院）在 60 多年发展历程中，充分利用西部资源丰富的优势以及国家开发西部的有利契机，以服务国家战略与寻找紧缺矿产资源为己任，以西部地区地质灾害防控与治理为关键，在工程地质、沉积地质、核科学与技术、地球物理勘探方法技术、石油天然气勘探与开发、地质灾害防治与地质环境保护、固体矿产资源勘查等领域形成了自身的特色，确立了在国内高校相应学科专业中的优势地位。

内涵特征之二：一支深耕行业的师资队伍。行业特色高校有一支优秀的行业特色双师型师资，他们当中既有学术造诣高超、治学经验丰富的大师，也有熟悉行业发展实际、具备一定工程实践经历的骨干，既有理论知识丰富的学者，也有工程与教育知识兼备的具有扎实功底的教师，由学校专任教师与行业企业兼职教师共同组成。如在成都理工大学的教师队伍中，有绘制我国第一幅河流地貌图的李承三教授；有首次发现攀枝花磁铁矿，被誉为"攀枝花之父"的常隆庆教授；有绘制我国第一幅川藏路线地质草图的第一代工程地质大师张倬元教授；有出版我国第一部《沉积岩石学》教材的第一代沉积地质大师刘宝珺院士和曾允孚教授；有开创我国稠油火驱强化开采之路、开创油层物理研究方向的第一代石油地质大师罗蛰潭教授；有出版我国第一部《铀矿床学》教材的第一代放射性地质大师金景福教授。

内涵特征之三：人才培养对标行业急需紧缺。行业特色高校有突出实践、强调应用、注重服务的传统，学生知识能力结构贴近行业需求，是行业领域高层次人才培养的主要基地，多年来培养的大量毕业生都活跃在原行业领域，成为行业领域的管理中坚和技术骨干，使学校与行业发展血脉相连。如成都理工大学培养的以多吉院士、王成善院士等为代表的一大批杰出校友已成为相关行业的领军人物和技术骨干。据不完全统计，学校培养了我国地质、矿产、石油勘探队伍中近50%、核工业地质勘查队伍中近30%的技术骨干。

内涵特征之四：科学研究精准对接行业关键难题。行业特色高校是行业科技进步的重要技术支撑，其教师都有着深厚的行业背景和行业情怀，他们更加熟悉行业的生产实际和操作流程，科学研究更加贴近企业的生产一线和科学技术的前沿。如成都理工大学发挥独特地缘优势，实施珠峰科学研究计划，以青藏高原及周缘为研究背景，长期开展青藏高原及周缘原—山—盆系统形成演化与地球动力学，青藏高原及周缘矿产资源成矿规律、勘探及开发利用，青藏高原周缘盆地构造—沉积分异作用与油气分布规律，以及青藏高原及周缘地质灾害防控及生态环境评价与修复四个方向的基础和应用基础研究，通过凝练关键科学问题，开展多学科交叉的联合攻关研究和国内外合作交流，举全校之力开展长期持续和深入系统的科学研究，构筑科学研究"高地"，打造科学研究"高峰"，全面提升学校科研水平和服务国家重大战略需求的能力。

内涵特征之五：围绕国家战略与行业需求开展社会服务。行业特色高校为行业发展持续提供专家咨询和高新技术服务，得到行业和社会广泛认可。如成都理工大学扎根西部、服务国家战略和区域重大需求，参与和介入了我国西部几乎所有大型、特大型水利水电的工程建设，参与了四川省几乎所有山区高速公路、铁路及机场工程建设，建立了覆盖四川、云南、贵州、重庆、西藏、青海等的全天候地质灾害实时自动监测预警系统，预测和成功处置了一大批重大泥石流、滑坡等地质灾害，保障了 50 余座城镇和数万人的生命安全，2006 年、2015 年两度独立获得国家科技进步奖一等奖。

内涵特征之六：塑造并传承创新行业特色校园文化。在办学历程中，行业特色高校将行业精神融入学校精神，塑造了独特的校园文化，形成学校高质量发展的灵魂和文化名片。如成都理工大学在 60 多年办学历程中，传承"三光荣、四特别"的地矿行业精神，形成了"艰苦奋斗、奋发图强"的优良传统、"不甘人后、敢为人先"的进取精神、"穷究于理、成就于工"的治学理念，为广大师生代代承传，已经成为学校师生做人、做事、做学问的基本准则和校园文化的精髓。

（四）行业特色高校特征分析与画像

以"双一流"建设高校为对象，以是否在 20 世纪 90 年代末由各部委划转到教育部或地方为标准，将其划分为行业特色高校和非行业特色高校。在此基础上，运用文本挖掘工具对"双一流"建设高校建设方案进行分析，探寻行业特色高校和非行业特色高校在内涵特征方面的异同。然后，以各高校官网的学校简介为对象，结合青塔高校全景数据，分析行业特色高校和非行业特色高校在表征特征和条件特征方面的异同。

四　行业特色高校"双一流"建设评价的理路

评价体系是高校高质量发展的"指挥棒"，科学的评价体系是检验行业特色高校办学成效的有效工具和改革创新的外部驱动力。下面从"评价目标、评价理念、技术路径、评价指标、评价方法、评价结果"六个要素，"时间尺度、空间尺度、价值尺度"三个维度探寻行业特色高校评价体系构建的核心要素。

（一）评价目标

（1）服务大局。通过构建科学的行业特色高校评价指标体系，进一步丰富具有中国特色的大学评价制度，全方位展示行业特色高校的办学成效，引导其走高质量内涵式发展之路，服务我国高校"分类发展、办出特色、争创一流"的大局。

（2）服务高校。突出评价的诊断与改进功能，通过评价帮助行业特色高校对标对表、精准研判其建设的成效与不足，从而促进行业特色高校高质量发展，提高服务国家重大战略需求、引领行业高质量发展的能力。

（3）服务社会。通过"WCI/SCI 指数"和"用户画像"等方式全方位展示评价结果，满足社会、行业等对行业特色高校办学成效的知情需求，为利益相关者了解和分析行业特色高校信息提供服务。

（二）评价理念

（1）强化立德树人。坚持守正创新，以"立德树人成效"为根本标准，以"质量、成效、特色、贡献"为价值导向，以"定量与定性评价相结合"为基本评价方法。

（2）彰显中国特色。立足我国国情和行业特色高校实际，拟设置"行业显示度、行业贡献度、行业支撑度、行业引领度和行业认可度"五个一级指标，树立中国标准，彰显中国特色。

（3）突出行业特点。针对行业特色高校的特点，将人才培养、科学研究、社会服务、文化传承创新等通用指标置于新时代行业特色高校发展环境中并予以再定义、再赋值、再充实，使之中国化、行业化。开展行业特色高校建设一流大学评价，实现世界标准和行业特点相结合、增量与存量相结合、学术水平与服务效果相结合、投入与产出相结合。

（4）强调以评促建。坚持在"评"上做好文章、为"管"提供依据、为"办"提供服务的理念，改变"为评而评、只重结果、一评了之"的传统做法，将评价工作重心聚焦评价数据采集与挖掘、问题梳理分析与对策研究，既解决通用性评价指标导致的高校同质化、功利化、指标化等问题，又要通过评价发现问题，引导和促进我国行业特色高校分类发展、特色发展。

（三）技术路径

（1）搭建评价数据采集系统，建立数据监测平台。数据是"双一流"建设成效评价的重要事实基础，实现"双一流"建设成效监测需要依托大规模的数据，包括所有关于"双一流"建设的原生数据与衍生数据、量化数据与质性数据、结果性数据与过程性数据、高校内部数据与外部评价数据。为了科学评价"双一流"建设成效，教育部2020年开始部署"双一流"建设监测数据平台，每年采集由高校自主填报的相关数据。然而，该平台尚未实现政府、学校、教师、学生和用人单位等评价主体全对象、全领域、全过程的数据采集与积累，尚有优化完善的空间。

（2）增强评价数据循证算力，赋能评价数据处理。数据循证是以包含海量信息的大数据为证据要素，通过数据采集、数据处理和数据使用等环节实现数据驱动的评价过程。大规模数据的挖掘、获取与采集是实现"双一流"建设评价改革的起点，大数据的分析与处理是"双一流"建设评价改革的关键。人工智能、机器学习等大数据技术在教育领域的广泛应用，牵引教育数字化转型，为教育评价改革的大数据处理供给强大算法、算力。在数据驱动、数据解析、数据生成背景下，提高评价的准确性，用数据说话，同时借助数字算法智能统计、智慧计算和可视化，用数据循证，是以数据为基础开展新时代"双一流"建设循证评价的核心和关键。

（3）定期发布评价监测报告，循证牵引决策制定。开展"双一流"建设成效评价的底层逻辑在于"使评价奏效"，促进高校高质量发展。"双一流"建设报告的周期性发布，有助于从国家层面把握整个"双一流"建设的过程与成效，牵引党中央、国务院制定教育改革决策。同时，对学校、教师、学生和用人单位等评价主体在评价标准、评价方法等方面的改进具有寻迹与参鉴功效，从而完善高质量教育体系建设，以不断提升学校办学、教师教学、学生发展和人才选用质量。对此，国际高等教育质量保障联盟主席鲍比曾高度评价说："中国采取的'以学校为主体、以学生发展为本位'和'分类评估、分类指导'的理念，以及'以数据库为基础开展质量常态监测和发布质量报告'的做法在国际上都是先进的。"① 因此，可将"双一流"建设评价报告结果运用到党中央、国务院和各级教育行政主管部门关于学校办学、教师教学、学生发展和人才选用等评价体系的改进与实践中，基于报告的数据循证牵引教育政策制定与标准优化。

（四）评价指标

对评价原则进行进一步细化，重点从行业特色高校依托行业、服务行业、支撑行业转向行业特色高校带动行业、引领行业高质量发展的角度来设计评价指标。如在办学定位方面，是否突出行业特色；在人才培养方面，是否培养了行业需要的高素质人才；在科学研究方面，是否以解决行业难题为导向，在基础及应用研究、成果转化方面取得突出成果；在社会服务方面，是否能为行业发展持续提供专家咨询和高新技术服务，并得到行业和社会广泛认可；在文化传承创新方面，是否将行业精神融入学校精神，塑造独特的校园文化。以"行业显示度、行业贡献度、行业支撑度、行业引领度和行业认可度"为一

---

① 吴岩. 高等教育公共治理与"五位一体"评估制度创新 [J]. 中国高教研究，2014（12）：14-18.

级指标，以行业类重点学科建设、行业类一流专业建设、行业特色课程（含虚拟仿真实验项目）和教材建设、实践教学体系建设、行业教学科研奖励、双师型教师占比、毕业生在行业内就业的规模及其占比、与行业相关的科研及成果应用的规模及其占比、毕业生满足行业和国家需求情况、服务国家重大战略需求情况、通过制定行业标准支撑行业发展情况、拔尖创新人才培养引领行业发展情况、重大科技成果引领行业发展情况、校园文化传承创新行业特色文化情况、行业主管部门和行业企业对毕业生首岗适应能力的满意率、对高校科研水平的认可度、对成果转化应用的认可度、对校园文化传承创新的认可度等为观测点。

基于上述分析，构建"动态监测—预警诊断—反馈改进"三位一体的行业特色高校评价体系。通过构建多角度（Multi-Angle，MA）、多维度（Multi-Dimensional，MD）、多尺度（Multi-Level，ML）的评价体系，全方位展示行业特色高校建设成效。首先，在评价主体选择上，从行业主管部门、行业企业、相关行业特色高校、知名专家学者等多角度来进行评价，更好地反映行业特色高校的认可度；其次，从行业显示度、行业贡献度、行业支撑度、行业引领度和行业认可度等多维度来反映行业特色高校的建设成效；最后，从历史、当下及未来时空发展的多尺度评价行业特色高校的发展态势。既动态化、全方位展示建设成效，又注重诊断发现行业特色高校存在的显性和隐性问题，为科学评价行业特色高校一流大学建设成效提供可视化、可度量、可操作、可推广的评价指标体系。

（五）评价方法

1. 双参考点模型

采用双参考点模型（Double Reference Point），以参考点1（R_j^1）为基准线，以参考点2（R_j^2）为卓越线，通过双参考点分段描述具体指标。依据指标 j 的最大值、最小值与设定的参考点，对指标 j 进行标准化处理，将其实际值 Q_j 转化为标准值 I_j，$j \in [-1, 2]$。根据确定的指标权重，计算每个一级指标和评价对象整体的弱综合指数（Weak Composite Indicator，WCI）和强综合指数（Strong Composite Indicator，SCI）。WCI 为加权求和结果（$WCI = \sum w_j I_j$），即综合考虑全部因素；SCI 为不进行加权求和而取合成指标的最小值 $[SCI = \min (I_j)]$，即只考虑最薄弱指标。接着，将 WCI 和 SCI 综合展示，这样就能同时从全局和最薄弱两个维度展示评价对象的评价结果，最后，设置补偿系数（Compensation Coefficient）λ（$0 \leq \lambda \leq 1$），合成 SCI 和 WCI 后得到混合综合指数（Mixed Composite Indicator，MCI），$MCI = \lambda \times WCI + (1 - \lambda) \times SCI$。$\lambda$ 即允许其他指标在多大程度上来补偿薄弱指标。最后，根据 MCI 对各评价对象进行排序，此时可通过 λ 的取值来观察各高校排名的变化情况，直观反映各高校的薄弱指标对其整体的影响程度，从而有效预警。

2. 随机赋权概率模型

引入随机赋权和排名概率来计算 WCI 及其排序。假设指标 j（$j = 1, 2, \cdots\cdots, n-1, n$）的标准化值为 I_j，设定其权重 w_j 在一个范围内随机变动，每变动一次就可得出一个 WCI 及相应的排名，若仿真 N 次，理论上每个参评高校都可以得到 N 组 WCI 值，对 WCI 进行统计即可得到参评高校 WCI 的平均值、中位值和变动范围；同时还可得到 N 组排序，若共有 m 所高校参与排名，高校 i（$i = 1, 2, \cdots, m-1, m$）排名第一的次数为 t_1，排名第二的次数为 t_2，$\cdots\cdots$，排名最末位的次数为 t_m（$t_1 + t_2 + \cdots + t_m = N$），则可计算参评高校 i 在每一个名次的概率，也能对评价结果的稳健性进行评价。

（六）评价结果

行业特色高校承担了人才培养、学科研究、服务社会和文化传承创新等多重职责，与教师、学生、校友、政府、行业企业、协会等利益相关者联系紧密，这种复杂性决定了评价结果需要多维度呈现，不能简单地用得分或排名来呈现。引入大数据领域的"用户画像"概念，从行业显示度、行业贡献度、行业支撑度、行业引领度和行业认可度来多维度呈现评价结果，为利益相关者提供全方位、个性化的精准信息。

五 结语

"双一流"建设是党中央审时度势做出的重大战略决策。评价体系是高校发展的"指挥棒"，针对不同类型、不同规模、不同发展基础的高校开展分类评价、动态评价、诊断评价是大学评价的必然趋势和应然选择。行业特色高校在我国高等教育体系中地位独特、特色鲜明，是高等教育改革发展的推动者和示范区，肩负着建设高等教育强国的重要使命。作为行业专门人才培养的重镇，行业特色高校是行业发展的开拓者和主力军，承担着支撑行业高质量发展的任务，是我国建设世界一流大学和世界一流学科的重要组成部分，科学的评价体系是检验行业特色高校改革发展成效的有效工具。

针对现行通用评价指标导致行业特色高校同质化、功利化、指标化的问题，本文聚焦精准识别行业特色高校并科学评价其建设成效，从行业特色高校评价的认识论、本体论、方法论出发，秉持"强化立德树人、彰显中国特色、突出行业特点、强调以评促建"的评价理念，采用实证调研、数据挖掘等方法，建立"条件特征—表征特征—内涵特征"三维一体的关键因子识别标准（认识论），以行业显示度、行业贡献度、行业支撑度、行业引领度和行业认可度为表征特征，使通用指标中国化、行业化。运用因子分析、双参考点模型等方法，构建"动态监测—预警诊断—反馈改进"三位一体的评价体系（本体论），提供集评价规则、指标体系、技术标准、操作规程于一体的系统化解决方案（方法论），为"双一流"评价提供决策参考。

构建行业特色高校评价体系

程孝良

2020 年 10 月，中共中央、国务院印发《深化新时代教育评价改革总体方案》，对推进教育评价改革提出了明确要求和总体部署。行业特色高校是我国高等教育强国战略和"双一流"建设的重要组成部分。为科学评价其建设成效，引导行业特色高校内涵发展、特色发展，有必要构建行业特色高校评价体系，通过对评价程序、指标体系、技术标准、计算方法、操作规程等要素的研究，回答为什么评、评什么、怎样评，解决行业特色高校评价的认识论、本体论、方法论问题。

一　引导行业特色高校办出特色

评价体系是高校发展的"指挥棒"，科学的评价体系是检验行业特色高校办学成效的有效工具和改革创新的外部驱动力。针对不同类型、不同规模、不同发展基础的高校开展分类评价、动态评价、诊断评价是大学评价的必然趋势。行业特色高校在我国高等教育体系中地位独特、特色鲜明，是我国建设世界一流大学和世界一流学科的重要组成部分。然而，我国现行大学评价体系在评价理念上，存在为评而评、只重结果的问题；在指标设置上，未能准确识别行业特色高校的特点，使通用指标未能体现中国化、本土化、行业化；在方法上，对行业特色高校的特点多采用定性描述方法，缺少内涵因子、条件因子等维度的精准分析，导致行业特色高校同质化、功利化、指标化，在一定程度上促使行业特色高校贪大求全，学科优势退化、行业特色淡化、支撑引领弱化。

构建行业特色高校评价标准与评价体系，有助于纠正现有评价导向，客观反映行业特色高校的建设成效，引导其办出特色、克服同质化倾向，引导行业特色高校更加聚焦行业、服务行业，努力成为行业发展的开拓者和主力军，促进产业转型升级和国家创新发展。以行业特色高校为切入点，探索构建分类评价、动态评价制度，有助于克服唯论文、唯职称、唯学历、唯奖项的顽瘴痼疾，进一步完善中国特色"双一流"建设评价体系，加快形成中国特色大学评价制度。

二　精准识别行业特色高校关键因子

行业特色高校评价的实质是分赛道竞争、分类别评价。从"内涵因子"和"条件因子"两个层面精准识别并提取行业特色高校的关键因子是科学评价行业特色高校建设成效的前提。

第一，行业特色高校的内涵因子。"人才培养、科学研究、社会服务、文化传承创新"是高校的四大基本职能。行业特色高校因其独特性，四大职能也与普通高校有所区别。在人才培养方面，行业特色高校有突出实践、强调应用、注重服务的传统，学生知识能力结构贴近行业需求，是行业领域高层次人才培养的主要基地。其多年来培养的大量毕业生活跃在原行业领域，成为行业领域的管理中坚和技术骨干，使学校与行业发展血脉相连。在科学研究方面，行业特色高校是行业科技进步的重要技术支撑。多数教师有着深厚的行业背景和行业情怀，他们更加熟悉行业的生产实际和操作流程，科学研究更加贴近企业的生产一线和科学技术的前沿。在社会服务领域，行业特色高校为行业发展持续提供专家咨询和高新技术服务，并得到行业和社会广泛认可。在文化传承创新方面，行业特色高校在办学历程中将行业精神融入学校精神，塑造了独特的校园精神文化，形成学校高质量发展的灵魂和文化名片。

第二，行业特色高校的条件因子。条件因子是内涵因子的延伸和具体化，行业特色高校与一般高校的区别主要体现在以下方面。从办学历史来看，行业特色高校大多具有悠长的办学历史，最早可追溯到20世纪50年代。行业特色高校发轫于新中国成立之初，为适应国民经济发展的需求，全面学习苏联的办学模式，由综合性大学转为行业特色型大学。如今，行业特色高校已经走过几十年的风雨历程，为新中国的工业化、现代化等打下了坚实的基础，做出了卓越贡献。从主管部门的变更来看，行业特色高校原由行业部门主管，后划转教育部或地方政府管理。从学科专业设置来看，行业特色高校的学科专业主要围绕行业的产业链而设置，在长期办学过程中已形成与行业紧密联系的学科专业体系和学科优势。从学科类型来看，可分为农林类、医药类、产业类、资源类、语言类、体育艺术类、财经政法类等众多的行业特色高校。从领域细分来看，行业特色高校涉及地质、矿产、医药、农业、林业、水利、电力、财经、通信、化工、建筑、交通等多个领域，还包括一批与文化、艺术、体育、财经、政法等社会事业紧密相关的领域。从学科专业水平来看，一些具有行业特色的优势学科的综合实力和竞争能力达到国内甚至国际先进水平，在国内外有较高的学术影响。在课程及教材建设方面，行业特色高校的课程设置紧紧面向行业需求，精准为行业提供智力供给，着重构建以本行业、本系统为核心的课程结构体系和框架，因而对于行业特色高校的课程建设特别是教材开发，行业企业均深度参与。在实践教学方面，行业特色高校定位于为行业培养专业性的应用型人才，需具有丰富扎实的理论功底和解决行业发展实际问题的能力。为此，行业特色高校多瞄准行业发展需要，构建集实践性、系统性、开放性于一体的实践教学体系。从毕业生就业情况来看，培养行业人才是行业特色高校建立的主要目的之一。行业特色高校为本行业、本系统输送了大批的行业骨干和领军人物，形成了行业特色高校与行业水乳交融、携手共进的局面。

三　科学实施行业特色高校评价策略

行业特色高校承担着人才培养、学科研究、服务社会和文化传承创新等多重职责，与教师、学生、校友、政府、行业企业、协会等利益相关者联系紧密。这种复杂性决定了评价结果不能简单地用得分或排名来呈现，需要多维度"画像"。首先，基于国家"双一流"监测平台和高等学校本科教学基本状态数据库采集公共数据，通过材料核查、公共数据比对、重复数据筛查，进行数据清洗处理。其次，对行业主管部门、用人单位、教育领域专家开展大规模网络问卷调查，同时引入第三方机构就业质量评价数据进行"行业认可度评价"，邀请同行专家、行业企业专家对主观指标进行"基于客观事实的主观评价"，邀请海外同行专家和海外行业企业进行国际声誉调查。最后，根据被评价高校初始值、标准化值、同类高校常模值，运用大数据领域的"用户画像"理念，从行业显示度、行业贡献度、行业支撑度、行业引领度和行业认可度等维度分别呈现评价结果。通过图示动态化、全方位直观地展示行业特色高校的建设成效，诊断发现行业特色高校存在的显性和隐性问题，为科学评价行业特色高校建设成效提供可视化、可度量、可操作、可推广的评价指标体系。

推进"三位一体"教育评价改革

王　众　　程孝良

教育评价事关教育发展方向,面对新时代高等教育发展的新形势、新要求,成都理工大学以入选四川省首批教育评价改革试点高校为契机,按照国家教育评价改革"蓝图"精心绘制学校"施工图",以院系为切入点、教师为关键点、学生为着力点,"三位一体"深化教育评价改革,进一步强化立德树人根本标准,进一步扭转不科学评价导向,进一步促进高校"四为"服务(为人民服务、为中国共产党治国理政服务、为巩固和发展中国特色社会主义制度服务、为改革开放和社会主义现代化建设服务)。

一　深化院系评价改革,推动学院分类特色发展

探索"任务套餐",实施差异化评价。以年度目标任务考核为试点,按照分权、分科、分类原则,充分考虑学院发展差异,量身定制"任务套餐",多元化设置指标,差异化实施考核,实现年度目标任务考核"一院一方案"。如"本科教学"考核指标的比重根据学院定位不同,占比从10%至50%不等,摒弃按照一套指标考核所有学院的做法,鼓励学院差异发展、特色发展。

下放考核权，发挥评价杠杆作用。坚持"学院办大学"理念，赋予学院和系部更大的绩效考核评价权，激发院系办学活力。通过组织全校各单位修（制）订教师绩效考核评价实施细则，进一步明确各级各类教师岗位的职责和考评标准，使之更符合学科特色，体现不同岗位特点。

二 深化教师评价改革，引导教师潜心教书育人

坚持师德为先，强化第一评价标准。做好顶层设计，成立师德建设委员会，制定《建立健全师德建设长效机制实施办法》，在教师招聘、职称晋升、评优评奖中将师德考核关口前置并作为一票否决指标。突出典型示范，每年隆重召开教师节庆祝暨表彰大会，举办新教师入职宣誓仪式、老教师荣休致敬仪式等，健全师德荣誉制度。落实刚性要求，发布《教学科研行为负面清单》，划出师德师风红线和底线。截至 2022 年，获评"全国高校黄大年式教师团队"1 个、"全国优秀教师"1 名，2 名教师及 1 个典型案例入选"四川省师德师风建设巡礼"展播。

坚持分类评价，突出教育教学实绩。完善分类引才机制，升级打造"珠峰引才计划"2.0，建立"事业编制+人事代理+合同制外聘"人才招聘模式和"领军人才+创新团队"人才引进模式，并依托大数据对人才"画像"，健全以品德和能力为导向、以岗位需求为目标的人才选用评价机制。完善分类晋升机制，修订《专业技术职务评审管理办法》，拓宽"1+N"职称晋升通道，在"高校教师系列"新设"公共基础课教学型"职称类型，在"科学研究系列"新设"成果转化为主"和"高等教育管理研究"职称类型，开通正高级实验师职称评审通道，进一步引导教师主动服务国家重大战略和区域经济发展。完善分类考核机制，建立"内审+外审"工作制度，进一步提高

代表作送审的权威性和客观性，修订《科研项目、成果及社会服务分级认定方案》《教育教学类项目及成果分级认定办法》，逐步与数量型指标脱钩，突出质量导向，重构学术评价生态。

畅通晋升通道，促进人才快速成长。架设人才流转"立交桥"，实施"玉成计划"，将 40 岁左右的正高职称人才、35 岁左右的副高职称人才、33 岁左右的优秀讲师分别纳入正处级、副处级和科级干部培养对象遴选范围，打通专技岗和管理岗之间的转换通道，80 名专家及专业教师入选首期"玉成计划"，占专家及专业教师总人数的 51%。打通职称晋升堵点，出台《珠峰引才计划专业技术职务聘任管理办法》，开创校长直聘高级专业技术职务新模式，建立高层次人才、急需紧缺人才、特殊人才职称聘任"绿色通道"。2020—2022 年，学校破格晋升 18 人，"珠峰人才"职称直聘 209 人。

三　深化学生评价改革，促进学生全面发展

健全多维评价机制，培育全面发展的时代新人。完善德育评价机制，出台《贯彻落实关于加强高校党的政治建设的若干措施的实施方案》等，将思政与德育作为"双一流"建设成效评估、人才项目评审、学术成果评价等的首要指标，构建"三全育人"新格局。完善体育、美育、劳动教育评价机制，在省属高校率先设立"体、美、劳"素质教育中心，出台《学生体育教育工作实施方案》《学生美育教育工作实施方案》《学生劳动教育实施方案》，把体、美、劳纳入人才培养及评价体系，做到以体育人、以美化人、以劳塑人、以评育人。

完善多元评价方式，强化过程与成效评价。推动"学习成绩评定"向"学习成效评价"转变，出台《关于进一步加强本科教学质量保障体系建设的实施意见》，建立多元化、全过程课程质量考核评价模式，加大过程性考核比重，增加过程性考核形式，将一次性期末

考试变为结果评价与过程评价结合、一次考试与多次考试结合、单一评价与综合评价结合。推动"注重学业成绩"向"注重成长过程"转变，以修订《学生综合素质测评表》为切入点，以评优评先为试点，稳步强化评价指标的多维性和评价标准的开放性，在学业综合成绩基础指标外，将服兵役、参加志愿服务、到国际组织实习、竞赛获奖等纳入个人增值指标。

以评定向促强、以督促改提质着力构建
新时代高校教育评价与督导体系

程孝良　　王　众

教育评价是教育教学工作的"指挥棒",教育督导则是教育教学改革的"压舱石"。成都理工大学深入贯彻《深化新时代教育评价改革总体方案》,推进"学院—教师—学生"三位一体教育评价改革,开创"双一流"建设新局面;以新一轮本科教育教学审核评估为契机,不断健全教育督导机制,"以评定向促强、以督促改提质",持续筑牢人才培养质量底线,构建具有成都理工大学特质的新时代高校教育评价与督导体系,推动学校高质量发展。学校顺利进入国家第二轮"双一流"建设高校名单,成功获批四川省首批教育评价改革试点高校,被确定为全国第一批部省协同评估试点高校和四川省第一所B1学术型高校接受新一轮审核评估。

一　纵深推进教育评价改革,确立科学评价导向

学校精心绘制教育评价改革"施工图",紧紧依靠"学院"这一主体,牢牢抓住"教师"这一关键,重点突出"学生"这一中心,推进"三位一体"教育评价改革,进一步确立科学评价导向,激发办

学活力，开创"双一流"建设新局面。

1. 深化院系评价改革，推动学院分类特色发展

以年度目标任务考核为试点，按照分权、分科、分类原则，充分考虑学院发展差异，量身定制"任务套餐"，多元化设置指标，差异化实施考核，实现年度目标任务考核"一院一方案"。如"本科教学"考核指标的比重根据不同学院的不同定位，占比从10%到50%不等，摒弃按照一套指标考核所有学院的做法，鼓励学院差异发展、特色发展。

2. 深化教师评价改革，引导教师潜心教书育人

坚持师德为先，将师德考核关口前置并作为一票否决指标，落实刚性要求，2020年以来，1支教师团队获评"全国高校黄大年式教师团队"，1名教师获评"全国优秀教师"，2名教师及1个典型案例入选"四川省师德师风建设巡礼"展评。坚持分类评价，修订《专业技术职务评审管理办法》，在"高校教师系列"新设"公共基础课教学型"职称类型，在"科学研究系列"新设"成果转化为主"和"高等教育管理研究"职称类型；修订项目及成果分级认定办法，进一步突出教育教学实绩，引导教师主动服务国家重大战略和区域经济发展。坚持人尽其才，实施"玉成计划"，打通专技岗和管理岗之间的转换通道；开创校长直聘模式，建立高精尖特人才职称聘任"绿色通道"，2020—2022年，破格晋升18人，"珠峰人才"职称直聘209人。

3. 深化学生评价改革，促进学生全面发展

健全多维评价机制，出台《贯彻落实关于加强高校党的政治建设的若干措施的实施方案》，设立"体、美、劳"素质教育中心，做到以体健人、以美化人、以劳塑人，培育全面发展时代新人。完善多元评价方式，加大过程性考核比重，增加过程性考核形式，推动"学习成绩评定"向"学习成效评价"转变；以评优评先为试点，稳步强化评价指标的多维性和评价标准的开放性，在学业综合成绩基础指标

外，将服兵役、参加志愿服务、到国际组织实习、竞赛获奖等纳入个人增值指标，推动"注重学业成绩"向"注重成长过程"转变。

二 抢抓审核评估试点契机，推动内涵特色发展

学校将新一轮审核评估作为全面审视人才培养质量和"双一流"建设成效的重要机遇，变"要我评"为"我要评"，积极争取新一轮审核评估试点机会，通过先行先试，把国家要求内化为学校深化教育综合改革、促进一流人才培养的思路举措，加快推进优势特色更加显著的高水平大学建设。

1. 高效推进整改，提前谋划新一轮评建

学校将上一轮审核评估整改与推进"双一流"建设、落实"十三五"规划有机结合。《普通高等学校本科教育教学审核评估实施方案（2021—2025 年）》印发后，将新一轮评建工作纳入"十四五"规划，同部署、同推进。以本科教学"1310 行动方案"为统领，通过专业供给侧结构性改革、"珠峰引才计划"、本科人才培养方案修订、单设质量保障机构、改革职称评审办法等一揽子措施，有效巩固了上一轮审核评估成果，教师潜心教书育人、积极投入教学和教改的良好局面逐步形成，在 2021 年四川省高等教育教学成果奖评审中获评 23 项奖项（其中特等奖 3 项），名列四川省第三位。

2. 细化评建方案，明确任务压实责任

2022 年 4 月，学校在新一轮教育教学审核评估试点申请获批后，精心研制《本科教育教学审核评估评建工作方案》，将评建任务逐一分解至各相关单位，做到"校—院系—专业—课程"四级贯通，递进落实评建方案要求。评建过程中，先后召开 10 余次专项工作推进会，将审核评估与新一轮"双一流"建设、"全面建设优势特色更加显著的高水平大学"的学校总体发展目标有机统一起来，厘清评建工作的

思路和重点，反复明确全体教职员工的责任。校领导先后 4 次分 8 个小组深入学院开展专项督导检查，学校召开 4 次专题反馈会和研讨会，通报检查中发现的问题与不足，建立问题台账，逐项销号整改。

3. 统筹谋划布局，自查自评自纠

学校统筹审核评估与日常质量管理工作、统筹审核评估与深化教育教学改革、统筹审核评估与"三全育人、本研贯通"质量保障体系建设、统筹审核评估与"持续改进、追求卓越"质量文化建设，对标一流大学、对表国家标准，查漏补缺、找准差距、持续整改，实现办学特色再凝练、教学管理再增强、培养质量再提升。对全校所有专业人才培养方案进行核查，督促各专业开展课程质量及课程目标达成情况评价、毕业要求达成情况评价；组织教育教学督导组旁听 2022 届 730 余名学生本科毕业论文答辩，抽查各学院 2020—2022 年考试课程试卷 1500 余份、毕业论文（设计）1000 余份。

三　强化全员全过程督导，保障人才培养质量

学校通过强化顶层设计，建立健全全面覆盖、运转高效、结果权威、问责有力的督导体系和统一归口管理、多方参与的教育评估监测机制，逐步解决了教育督导机构不健全、队伍不完备、权威性不够、结果运用不充分、不适应新时代教育改革发展的要求等突出问题。

1. 顶层谋划，完善"全员全程全覆盖"督导体系

设立教育评价与督导处，出台《教育教学督导工作实施办法》等10 个文件，形成本研贯通、督教督学督管长效机制。进一步加强由学生、同行专家、领导干部、督导专家构成的督导队伍建设，实现线上线下、学位论文全过程、课堂内外全覆盖督导。出台《关于进一步加强本科教学质量保障体系建设的实施意见》，实施"质量保障 30 条"，系统推进教学质量组织与指挥系统、教学质量目标与标准系统、教学

质量评估与监控系统、教学信息反馈与改进系统、教学条件支持与保障系统"五位一体"教学质量保障体系建设。

2. 技术赋能，创新"监测—诊断—改进"评督机制

出台《本科教学质量评价与持续改进工作实施办法》，以"运行—评价—反馈—改进—再评价"闭环为目标，研发"成都理工大学高等教育质量数据采集监测分析应用平台"，开展常态化数据采集和分布式动态监控，将评估任务分解渗透到日常教学管理、专项检查和教学督导等常规工作中，将评价的落脚点聚焦在问题发现与诊断上，"对症用药"，切实推进整改，完善面向产出的本科教学评价与持续改进机制。2020—2022 年，累计反馈处理学生评教信息 2000 余条，反馈跟踪督导听课信息 2200 人次。相关成果获 2021 年四川省教学成果二等奖。

3. 逗硬较真，让教育督导"牙齿"发力生威

出台《本科专业评估实施办法（试行）》《关于新一轮本科专业优化调整的实施意见》，2020—2022 年，参考专业动态监测结果，优化调整本科专业 24 个。修订细化《成都理工大学教学事故认定及处理办法》，并根据学生信息反馈，认定处理教学事故 6 起。出台《本科毕业论文（设计）抽检实施细则（试行）》《博士、硕士学位论文抽检管理办法》，在川内高校率先开展学士学位论文校级抽检，根据论文抽检结果，对 2 位导师给予暂停一年招生的处理，并在年终绩效考核给予所在学院扣分处理。

质量保障篇

行业特色高校"四维一体"教学质量保障体系的构建与实践

刘树根　曹俊兴　程孝良

本文从影响高等教育教学质量的主要因素和教学质量管理的基本要素出发，论述教学质量保障体系的构建。提出以学生成才意愿和教师教育理想为动力，构建师生良性互动的学术共同体；以学术权力为引领、行政权力为保障，构建教育教学质量管理制度和运行机制，最终建立学生、教师、学术团体、行政机构"四维一体"的人才培养质量保障体系，以有效保障并提高本科教学质量。

《国家中长期教育改革和发展规划纲要（2010—2020 年）》（以下简称《纲要》）指出："提高质量是高等教育发展的核心任务，是建设高等教育强国的基本要求。"人才培养是高校的神圣使命，面对社会各界对大学本科教学质量滑坡的种种诘难，建立有效的教学质量保障体系与长效机制，成为高等教育大众化阶段保证和提高人才培养质量极其重要的环节。在教学质量管理中，教学及其基本建设属于教育学研究的范畴，质量管理与过程控制属于管理学研究的内容。因此，教学质量管理必然涉及教育学和管理学两个学科。具体而言，构建教学质量保障体系，必须从教育学的视角对影响教学质量的主要因素进行分析，同时还要从管理学出发对教学质量管理与运行机制的基本要素进行研究。

一 以学生为主体的高校内部教学质量管理思想

现代大学的实质是把一群极具创新思维、独立思想和教育理念的教师和一群极具创新天赋、个性特点和发展潜质的大学生放在一起，让他们互相激发、交流互动，使大学生产生终身受益的智慧和创造力。从这个意义上说，现代高等教育不再作为人的发展手段或者生产性的手段，而是大学生实现人的全面发展的方式。在这种现代性教育范式之下，高等教育的对象——大学生不再是被动的被教育的工具或者教育的客体，而是教育的主体，是教育教学质量最主要的利益相关者。他们不仅是高等教育的主要服务对象，还是高等教育服务的使用者、参与者和共同生产者。因此，大学生参与教育服务的全过程，是高等教育质量、效果和效率提升的关键。在教学质量保障体系中，只有影响教学质量的每一个因素的水平或质量都上去了，整个教育质量才能上去。也就是说，只有高水平的教师教学、高质量的学生学习、科学合理的学术权力引领和有序高效的行政权力保障，才可能产出高质量的"教"与"学"。这就需要建立起一个学生、教师、学术权力、行政权力有机结合，保证师生有效互动，学术团体和行政机构各司其职、相互耦合的教学质量保障体系。

二 "四维一体"教学质量保障体系的构成要素

从教育学的视角分析，影响教学质量的主要因素包括学生和教师以及二者在同构的学术共同体中的有效互动；从管理学的角度分析，影响教学质量的主要因素包括学术权力和行政权力以及二者的耦合及运行机制。因此，教学质量保障体系需要以提高人才培养质量为核心，以系统论观点整合系统各子要素，形成学生、教师、学术团体、行政机构"四维一体"的教育教学质量管理制度和运行机制。

（一）以学生成才意愿为动力的主动学习机制

大学之道，在于育人，回归"育人为本"是大学的第一要义。以学生为中心是现代教育发展观的核心理念。以提高学生发展能力和综合素质为价值取向，以关注学生发展的质量观为主线是现代教育的重要特征。学生积极主动地高质量学习是人才培养质量提高的前提。从某种程度上来说，教学质量的根本落脚点是学生的学习质量。生源质量是教学质量保障体系的基础。生源不足、质量下降已成为当下及未来我国高校面临的主要问题。为有效解决这一问题，需要基础教育改革的推进和深化。高校内部如何提高学生的学习能力和学习质量？关键就是要构建一个能够不断激发学生学习兴趣，促进学生个性和潜能充分发展，让学生通过自主学习不断追求卓越的平台和机制。众多研究表明，除了课堂教学以外，高校校园文化、社团活动等第二课堂对学生的发展起着很大的隐性教育作用，而从高校的实际情况看，第二课堂的设计和安排在很大程度上涉及教学管理、学生管理、后勤服务等诸多行政部门。因此，学生主动学习机制需要学校各行政部门的通力合作才能实现。

（二）以教师教育理想为目标的教学育人机制

育人之道，在于大师；师强则学子成才，师惰则误人子弟。办好大学的奥秘在于名师如林、唯才是用、兼容并包、宽容尊重。有好的教师，才有好的教育。加强师资队伍建设是高校提高办学质量的关键环节之一。《纲要》明确提出，"把教学作为教师考核的首要内容，把教授为低年级学生授课作为重要制度"。要提高教师的育人水平，首先，必须凸显教师在人才培养工作中的主导作用。课程讲授和人才培养质量的提高依赖于教师水平和责任心的提升。其次，要狠抓教风建设，教好书是对教师的基本要求。学校要建立适当的动力机制和约束机制，调动教师的教学积极性，将教师的主要精力引导到努力提高教学质量上来，最大化地实现教师的自我价值。再次，要建立一支质量高、数量足、结构合理的教师队伍，保证教学正常运行。最后，加大教师进修和培训力度，促进教师自身发展。

（三）构建师生良性互动的学术共同体

教学过程是师生双方共同参与、互动的过程。高质量的学生学习和高水平的教师教学是确保教学质量和人才培养质量的基础，而师生学术共同体及师生之间的和谐互动是人才培养质量的根本保证。因此，要提高教学质量，还需要努力形成一个师生良性互动的学术共同体。在学术共同体中，分类构建研究、教学、学习共同体，形成本—硕—博与教师一体化互动的共同体，由此形成"面—线—点"式的群体人才培养模式。"面"：涵盖全校所有学生的扇面形培养；"线"：专业教育教学的线式培养；"点"：特优生、专长生、精英人才的亮点培养。正如威廉·冯·洪堡所言："在高等学术机构中，教师与学生的关系与在中学迥然不同，教师不是为学生而存在，两者都为科学而共处。"[1] 通过对科学的研究而共处于共同体中，教师发展了学术，学生得以成长，教师与学生共同探索发现了未知，开拓了知识疆域，创新了教学。在共同体中，教师充分体现教学自由，学生有了学习自由，为教学科研创新奠定了基础。学术自由是大学的真谛，包括研究自由、教学自由、学习自由，而且学生的学习自由充分体现在教师的教学自由中。通过"以学习者为中心"，重视学习者的需求，时时考虑学生学什么、怎么学、在怎样的情况下学、是否继续学、怎样为将来学等，给予学生一定的学习自由。在学习共同体中，实现合作学习，既有利于研究与学习，又有利于人的精神健康。

---

① 陆以勤. 授人以乐渔 [J]. 华南高等工程教育研究，2007（1）：49-54.

当前，在一些高校以科研成果和项目资金为唯一衡量标准的量化评价体系盛行。一些教师不重视"教"，甚至脱离教学岗位，变成了完完全全的"研究员"；一些大学生受实用主义、功利化思想的影响，逐渐养成了缺乏独立思考的浮躁学风，"读书无用论"等观点在部分人当中盛行，一些学生甚至不屑于"学"。浮躁的教风学风导致师生关系异化，师生缺乏互动，"渐行渐远"。因此，必须建立完善学术权力的引领机制，改革考评体系，让教师乐于教，提倡思辨切磋，让学生乐于学。只有这样，师生关系才能回归本真，学术共同体才能良性运行。

（四）完善学术权力的引领机制

学术权力是专家学者在教学科研的过程中、在探寻教学科研发展规律的过程中形成的一种权威，它负责引领大学内部学术性工作的开展，规划高等教育发展战略，激励学术创新。大学的本质要求大学必须把追求学术作为大学的灵魂。学术性是大学安身立命之本和生存发展之道，学术发展是大学发展的本质内容。学术权力的运行方式是自下而上的，其活力和创新来自每位教师和学生个体。因此，必须时刻了解教师和学生对教学工作和人才培养工作的意见和建议。学术自由是大学的真谛，包括研究自由、教学自由、学习自由，学生的学习自由充分体现在教师的教学自由中。一般来说，大学教师的学术权力主要表现在两个方面：从微观上说，恪守教师应尽的职责，出色地完成"治学育人"的任务，不断提高学术水平和教育质量，大学校长和政府官员一般不得干预；从宏观上说，参与学校有关学术方面的重大决策，如年度招生计划的审议，课程和学科专业的设置，各个学科专业教学计划的修订，科研方向课题的确定，教师考评指标、考评手段与考评体系的确定等。

（五）建立健全行政权力的保障机制

在大学内部，学术的发展离不开行政的支持。学术事务的决策与执行之间存在着一个协调机制，每一项学术决策都需要行政系统来贯彻落实，需要行政系统采取措施来加以保障。如果让学术与行政两个系统封闭运行、各自为政，那么不但行政系统失去了存在的理由，而且学术系统也丧失了生存与发展的支撑。可以说，高校行政系统的最大职责就是服务学术的发展。行政权力是上级赋予的，是一种法定权力，负责高校工作的计划、组织、指挥、协调和控制，维持着高校的日常运作，是高等教育稳定、有序发展的保证。行政权力的运行方式是自上而下的。高校以学术活动为主要活动，从这个角度来讲，行政管理要为学术活动做好后勤保障以及管理协调工作，保障学术活动的正常开展。但在学校内部，也存在某些学科的专家偏袒自己的学科，认为自己的学科更重要的现象。因此，在学术资源有限的情况下，行政管理在学术活动以及学科发展领域也需要进行统筹规划、整体协调。

（六）学术权力与行政权力耦合与运行机制

高校不仅是一个包含了各种学科、专业的学术组织机构，也是一个运行有序的行政组织系统，既以认识论哲学为基础，又以政治论哲学为基础，即高等学校是靠学术权力与行政权力二元结构的统一维护着整个系统的运行，两者在实际运行中互相支持、互相渗透、互相协调、互相补充，各司其职，缺一不可。其中，学术权力作为一种内在的力量发挥着支配作用，行政权力则作为一种外在的结构形式维系着高等学校组织的存在和发展，必须采取切实可行的措施来保障大学的灵魂——学术自由和学术自治。

三　坚持差异化培养模式，建立差异化质量标准

差异化管理是"人本管理"最直接的体现，注重人的差异化、个

性化，学科专业的差异化，以及高等教育管理的特色化，并据此建立差异化的质量标准。

首先，科学制定人才培养目标，制定差异化的人才质量标准。不同专业培养目标不同，应该分类指导。理科的培养目标是科学家，工科的培养目标是工程师，文科的培养目标是思想家。具体而言，不同的学校有不同的办学历史、环境和特色优势，它们的培养目标和质量要求也应该是不同的。有些学校以理工类专业见长，甚至在国际上有一定影响，有些学校则在某一学科领域首屈一指，不同专业有不同的质量标准，很难用一套统一的标准进行衡量。

其次，树立人人成才的差异化人才质量观。从体制改革与制度创新入手，形成"不拘一格"选拔和培养人才的机制。例如，为人才量身定制适合个人特点的课程计划、设立创新学分等，让对某一领域特别感兴趣并做出令人信服的成绩的怪才、偏才脱颖而出。人要有目标、有追求才会有动力，差异化人才质量观能给各类学生成长提供动力和目标，使每一个学生都可以在不同的成才通道中找到自己的位置。

最后，分类指导，构建差异化的人才培养方案。科学与人文应该是相辅相成的，没有科学的人文是盲目的，没有人文的科学是跛脚的。大学的根本任务是培养人、塑造人，即培养高道德素养、科学素养、人文素养、专业素养的学生。然而，由于我国长期实行文理分科政策，学生被提前送进了不同的轨道，得不到全面发展。因此，对人文学科的学生，要加强科学素养的培养；对理工学科的学生，要加强人文素养的教育。

提高教学质量，培养创新型人才是高校的使命。"四维一体"教学质量保障体系及长效机制为完成这一使命提供了有效保障。

构建一流质保体系 提升人才培养质量

程孝良

近年来，成都理工大学推进"四个回归"，坚持"学生中心、产出导向、持续改进"教育理念，将信息技术融入质量保障各主要环节，全面实施质量保障 30 条，构建可操作、可衡量、可评价的"五位一体"本科教学质量保障体系，实现教学质量评价与保障要素从分散向聚合转变、教学质量评价与保障主体从被动向主动转变、教学质量评价与保障内容从形似向神似转变、教学质量评价与保障体系从管理向发展转变，以高质量文化推动教学质量提升，不断形成建设高质量本科教育的新理念、新标准、新路径、新机制、新文化，打造一流人才培养体系，持续提升人才培养质量。

一 建立健全教学质量组织与指挥系统

教学质量组织与指挥系统是教学质量保障的枢纽，负责指挥和协调质量管理的各项活动，总结评价质量，督导整改落实，确保各教学环节有序运转、规范协调。学校坚持"三全育人"，提高全员质量责任意识，充分调动各方资源，明确各级各类教学主体的质量保障责任，努力形成齐抓共管、协同高效的工作运行机制，建设自觉、自省、自律、自查、自纠的质量文化。

二　建立健全教学质量目标与标准系统

教学质量目标与标准系统是教学质量保障的前提，是教学运行、监控和评价的依据。

完善质量标准规划设计。学校根据办学指导思想、办学定位和人才培养总目标，修订和完善教学质量保障项目、各教学环节质量标准及相关管理制度。

促进质量标准落地实施。各专业结合实际情况，对标本科专业类教学质量国家标准，引入行业、企业专家意见，修订完善培养目标、毕业要求、课程体系、课程大纲等，推动各项教学质量标准的贯彻落实。

强化教学环节过程评价。严格执行课堂讲授、实践教学、课程考核、课程设计、创新实践、毕业实习等各环节质量标准，改进结果评价，强化过程评价，健全综合评价。

强化质量评价及结果运用。突出对"学生学习体验及效果"的评价，构建"以学习为中心"的学生评价体系，促进学生全面发展。完善课程学业和学年学业预警制度，严格学生毕业资格和学位授予审查，把好学生毕业出口关。

三　建立健全教学质量评估与监控系统

教学质量评估与监控系统是教学质量保障的重点。学校坚持问题导向、产出导向，以学生为中心，将学生发展作为衡量教学质量的重要标准，建立科学、有效、合理的本科教学质量评估指标体系，开展分类评价改革。以标准化为引领、以信息技术赋能，全面开展专业评估、课程常态化评估和学院教学工作评估，积极引进第三方评估；强化教学检查制度，完善检查结果通报和持续改进机制；实行全员听课制度；加强教学督导队伍建设，建立健全督教、督学、督管长效机制；完善教师教学评价制度，坚持教师自评、学生评教、同行互评、督导评价；强化教学评估和教学监控，及时掌握教学状态，综合评价教学质量。

四 建立健全教学信息反馈与改进系统

教学信息反馈与改进系统是教学质量保障的关键。学校依托信息系统平台，多渠道、分布式收集和分析教学各环节信息，形成评价结论和诊断意见，并及时反馈给有关单位和个人，以持续提升教学质量。

加强常态数据监测与分析。利用高等学校本科教学基本状态数据库，搭建本科教学质量监控与保障信息平台，及时收集教学常态数据，系统分析学校发展关键数据指标变化态势，为质量保障提供决策支持。

广泛开展学情调查。通过问卷、座谈会、个别访谈等形式，及时了解学生学习情况及对教学的意见和建议；定期开展毕业生满意度和用人单位满意度调查，将调查结果用于改进教学过程和教学管理。

完善年度质量报告制度。学院定期向学校提交本科教学年度质量报告，学校定期编制公布本科教学年度质量报告，教务处定期汇总公布各专业人才培养状况报告，招生就业处定期发布毕业生就业质量报告。

强化质量，持续改进。对发现的有关问题，各相关部门及时响应，制定整改方案，反馈整改进度，抓好整改落实。

五　建立健全教学条件支持与保障系统

教学条件支持与保障系统是教学质量保障的基础。学校建立健全资金投入以教学为主、优先保障教学经费投入的长效机制；丰富课堂教学形态，打造"金课"，淘汰"水课"，全面提升课堂教学效果；加强教学条件建设，确保优先满足教学需要；健全教学激励和约束制度，充分调动教师投身教学、潜心育人的积极性；构建以"启航计划"为基础、以"中坚计划"为支撑、以"卓越计划"为标杆的教师发展支撑计划，强化教师教学能力培养。

图书在版编目（CIP）数据

新时代行业特色高校高质量发展：模式与路径／程
孝良编 . -- 北京：社会科学文献出版社，2025.3.
ISBN 978-7-5228-4904-1

Ⅰ . G649.21
中国国家版本馆 CIP 数据核字第 2025QW2019 号

新时代行业特色高校高质量发展：模式与路径

编　　者／程孝良

出 版 人／冀祥德
责任编辑／陈凤玲
文稿编辑／许文文
责任印制／岳　阳

出　　版／社会科学文献出版社
　　　　　　地址：北京市北三环中路甲 29 号院华龙大厦　邮编：100029
　　　　　　网址：www.ssap.com.cn
发　　行／社会科学文献出版社（010）59367028
印　　装／三河市龙林印务有限公司

规　　格／开本：787mm×1092mm　1/16
　　　　　　印张：14.75　字数：191 千字
版　　次／2025 年 3 月第 1 版　2025 年 3 月第 1 次印刷
书　　号／ISBN 978-7-5228-4904-1
定　　价／98.00 元

读者服务电话：4008918866